U0511450

CORPORIS IURIS CIVILIS IUSTINIANI
FRAGMENTA SELECTA

优士丁尼国法大全选译

第 5 卷

婚姻与家庭

〔意〕桑德罗·斯奇巴尼 选编

费安玲 译

〔意〕阿尔多·贝特鲁奇 朱赛佩·德拉奇纳 校

商务印书馆
创于1897 The Commercial Press

Corporis Iuris Civilis Iustiniani

Fragmenta Selecta

V

DE NUPTIIS ET FAMILIA

《优士丁尼国法大全选译　第 5 卷　婚姻与家庭》

SUL MATRIMONIO E SULLA FAMIGLIA

Traduzione in cinese con latino a fronte

Selezione di testi

a cura di Prof. Sandro Schipani

con la collaborazione di Prof. Aldo Petrucci e Dott. Giuseppe Terracina

traduzione di FEI ANLING

Volume stampato con la collaborazione di

OSSERVATORIO SULLA CODIFICAZIONE E SULLA

FORMAZIONE DEL GIURISTA

IN CINA NEL QUADRO DEL SISTEMA GIURIDICO ROMANISTICO

Università degli Studi di Roma "Tor Vergata"

"Sapienza" Università di Roma

Dipartimento Identità Culturale del CNR

Università della Cina di Scienze Politiche e Giurisprudenza (CUPL)

E

CENTRO DI STUDI DUL DIRITTO ROMANO E ITALIANO

Università della Cina di Scienze Politiche e Giurisprudenza (CUPL)

优士丁尼国法大全选译
总　　序

　　我国法律人了解罗马法的方式，可以说基本上以 20 世纪 80 年代末为界。在此之前，我国法律人主要通过现代人撰写的教科书来获取罗马法的知识信息。在此之后，由于有了罗马法原始文献的中译本，例如，将《学说汇纂》(Digesta) 与《优士丁尼法典》(Codex Iustinianus) 的相关内容按照特定主题编辑的中文选译本、《法学阶梯》(Institutiones) 中文全译本、《学说汇纂》单卷本的中文全译本等，我国法律人得以通过阅读罗马法原始文献来认识罗马法。这些中文译本中，大部分内容是从罗马法原始文献的原始文字拉丁文直接译为中文的。较之那些以其他语种为介质的罗马法原始文献的译文，这些直接从拉丁文翻译过来的中文译本，在译文精准度方面，自始便具有不可低估的优势。

　　各位读者或许已经注意到，这套丛书的译者共七人；已经部分问世的单卷本《学说汇纂》的译者团队更是由二十余位年轻的中国法律人组成。饮水不忘挖井人，这一切要感谢中国著名法学家江平教授和意大利著名罗马法学家桑德罗·斯奇巴尼 (Sandro Schipani)

教授。正是因为他们的睿智决策和精心组织，我国才得以形成一支对罗马法和意大利现代法颇有研究的人才队伍。

1988 年春季，任教于中国政法大学的黄风老师应邀赴意大利博洛尼亚大学进行学术访问。能够流利地用意大利语讲授中国法律的黄风立刻成为了博洛尼亚大学法学院的一道靓丽的风景线。正在积极寻找机会与中国法学界建立合作关系的意大利国家研究委员会下属的"罗马法传播研究组"（Gruppo di ricerca sulla diffuslone del diritto romano）负责人皮埃兰杰罗·卡塔拉诺（Pierangelo Catalano）教授和桑德罗·斯奇巴尼教授闻讯找到了黄风，希望他利用娴熟的意大利语致力于罗马法研究和有关项目的合作。当时，这两位意大利的罗马法学教授已然是闻名于意大利乃至欧洲和拉美国家的著名罗马法学家。他们对罗马法的深刻思考、对现代社会的罗马法继受的精辟见解、对中国研究罗马法的重要作用的睿智分析，以及他们对意大利与中国在罗马法领域合作的可行性分析、对落实路径的思考和所提出的能够立即付诸实践的工作计划，深深感染了黄风。当两位意大利教授在黄风有关中国研究罗马法的情况介绍中了解到，中国政法大学的江平教授已经在该大学讲授罗马法课程八年有余，便立即通过黄风向江平教授发出了访问意大利罗马第二大学和意大利国家研究委员会的邀请。

1989 年春季，时任中国政法大学校长的著名法学家江平教授应邀在意大利国家研究委员会向来自意大利十余所大学的数十位法学教授发表演讲。时任意大利共和国总统科西加（F. Cossiga）先生为此专门发来贺电："中国政法大学校长江平教授所做的报告不仅对意大利国家研究委员会的罗马法传播项目很重要，而且更重要的是，其清晰地确认了罗马法在不同文化及其发展中的贡献。罗马法的成果系一千余年发展的结晶。其产生于奎利蒂法中较窄的领域，后被拓展至上个世纪的现代法典化中。罗马法不仅是一个始终存在且稳定的法律规则、法律制度和法学方法的共存体，而且在人的自由性、国家的非宗教性、个人的责任性、意愿的自治性、公众的代表性、平等主体间的团体性等一些基本原则的基础上，形成了各个国家之间无差别的当代文明。正是基于罗马法的严谨逻辑和合乎逻辑的推理，在许多国家中，就个人之间和人民之间不应当用暴力方式破坏构建在法律基础上的共同文明这一基本原则都达成了共识。我非常荣幸地向这样一位尊敬的演讲者致以热烈的欢迎，并向会议的全体出席者致以问候。"江平教授的演讲和科西加总统的贺词当年全文刊登于意大利著名学术刊物《启示者》（Index）上。

在访问期间，江平教授应邀与"罗马法传播研究组"的教授们及意大利罗马第二大学的罗马法学教授们进行了座谈，就启动中国与意大利法学界之间的罗马法研究、罗马法原始文献翻译和法学人才培养等项目进行了深入交流，并形成了合作意向，其中就法学人才培养达成的共识是：罗马法的翻译与研究工作的实施前提是法学人才的培养；中国政法大学与意大利罗马第二大学共同缔结人才培养、学术交流等多领域合作协议。故而，江平教授代表中国政法大学与意大利罗马第二大学签署了两校间的合作协议。根据该协议，中国政法大学需要尽快派出至少四名合适人选前往意大利学习罗马法并开始原始文献的翻译工作，留学期间的奖学金由意大利方面提供。

总　序

　　1990 年至 2004 年，在中意两国政府和中国政法大学、意大利罗马第二大学等机构的支持下，黄风、丁玫、范怀俊、徐国栋、张礼洪、薛军、刘家安、罗智敏等人和我先后赴意大利学习法律，尤其是罗马法。该期间派出的人员的特点是：一、绝大多数人是高校年轻教师；二、绝大多数人在本科和研究生阶段接受过法学的严格训练；三、绝大多数人在去意大利留学之前仅接受过 8 个月左右的意大利语短期培训。上述全体年轻学子在意大利学习期间均十分刻苦、努力，因此都顺利地完成了在意大利的学习计划。

　　以在罗马第二大学学习罗马法的年轻学者为例，他们在意大利留学期间主要有两个任务：

　　一、在罗马第一大学法学院罗马法研究所举办的罗马法高级研究班里系统地学习罗马法。罗马第一大学法学院的罗马法研究所设立于 1888 年，是欧洲享有盛誉的学术机构。那里有藏书极为丰富的罗马法图书馆，许多著名的欧洲法学家都在那里学习或者讲学。在该研究所的图书馆里有一张桌子，那是德国著名的罗马法学和罗马史学家蒙森（Christian Matthias Theodor Mommsen，1817—1903）在该研究所讲学及开展研究活动时经常使用的。这张桌子被作为纪念物放在图书馆一进门醒目的地方，桌子的上方悬挂着蒙森的肖像。该研究班的学生主要来自于欧盟成员国和拉美国家，其中相当一些人是在本国讲授罗马法的青年教师。给罗马法高级研究班授课的都是在罗马第一大学任教的意大利甚至欧洲最著名的罗马法学家，例如，皮埃兰杰罗·卡塔拉诺、马里奥·塔拉曼卡（Mario Talamanca）、菲利恰诺·赛拉奥（Feliciano Serrao）、朱利亚诺·克里佛（Giuliano Crifò）、安东尼·马西（Antonio Massi）、马里奥·马扎（Mario Mazza）、路易吉·卡波格罗西（Luigi Capogrossi）等学者。在研究班学习结束前，要写一篇至少 30 页的关于罗马法中某一个专题的学术文章。

二、在提高意大利语水平和拉丁文水平的同时，确定一个翻译选题，就该选题进行深入的学习和研究，并且在此基础上进行罗马法原始文献中相关内容的翻译。这是一个极为艰难的任务，但是这些年轻学者们以惊人的毅力、出众的能力将翻译成果呈现在人们面前，除本丛书外，还有包括意大利法学家彼得罗·彭梵得（Pietro Bonfante）的《罗马法教科书》（*Istituzioni Di Diritto Romano*）和朱赛佩·格罗索（Giuseppe Grosso）的《罗马法史》（*Storia Dei Diritto Romano*）在内的罗马法教科书系列翻译，以及意大利现代法的法典和著作的翻译，例如《意大利刑法典》《意大利刑诉法典》《意大利军事法典》《意大利民法典》等。

自 2005 年起，在中国国家留学基金委员会、意大利罗马第二大学、博洛尼亚大学、罗马第一大学、比萨圣安娜高等师范大学等机构的大力支持下，尤其在桑德罗·斯奇巴尼教授的帮助下，更多的中国年轻学子前往意大利学习罗马法和意大利现代法，这使得罗马法原始文献的翻译力量进一步得到强化。

从 1990 年至 2021 年的三十余年内，据不完全统计，我国先后派出一百二十余名年轻学子在意大利至少十所大学的法学院以进修和攻读学位的方式进行学习，其中至少有七十六人攻读了法学博士学位。他们的研究领域覆盖了法学的诸多学科方向，例如，罗马私法、罗马公法、现代私法、国际法、知识产权法、刑法、人权法、欧盟法、税法、中世纪法、人权法、法与经济学等。这些研究在全

总　序

球视野下可能仅仅是一小步，但是就我国而言，则是扎扎实实的一大步。这些在罗马私法、罗马公法、现代法学与中世纪法史等领域的深入研究对进一步推进我国法学理论研究及指导司法实践可谓意义重大。尤其是这些法学人才的出现，对于我国法学事业的发展、我国罗马法原始文献翻译与研究的推进及中国与意大利的法学交流，可谓弥足珍贵。

这套丛书是由按照一定主题从浩瀚的罗马法原始文献中摘选出的相关资料所构成。丛书初版名为"民法大全选译"，由中国政法大学出版社于1993年起陆续出版。部分分册又曾以"罗马法民法大全翻译系列"为题，由中国政法大学出版第二版。此次由商务印书馆再版，依照斯奇巴尼教授的编排方案，将丛书调整为8卷，分别是：第1卷《法的一般准则》（I，II）；第2卷《物与物权》；第3卷《债　契约之债和准契约之债》；第4卷《有悖于人的尊严的违法行为》；第5卷《婚姻与家庭》；第6卷《遗产继承》；第7卷《违法行为的民事责任与刑事责任》；第8卷《社会的各种组织形态》。其中，第4卷和第7卷是新增加的内容，其余各卷涵盖了旧版的各册内容。旧版的各册信息和做此调整的想法及依据，分别在阿尔多·贝特鲁奇（Aldo Petrucci）和桑德罗·斯奇巴尼两位教授的序中有所介绍，此不赘述。

这套丛书的选编者为意大利罗马法学家桑德罗·斯奇巴尼教授和阿尔多·贝特鲁奇教授，尤其是斯奇巴尼教授，他对这套丛书的选编付出了巨大心血。丛书的翻译工作得到了阿尔多·贝特鲁奇教授和朱赛佩·德拉奇纳（Giuseppe Terracina，中文名：纪蔚民）博士的巨大帮助。在贝特鲁奇教授的序中，对此有详细的描述。

总　序

　　这套丛书的翻译者为黄风教授、丁玫教授、徐国栋教授、米健教授、张礼洪教授、范怀俊律师及我本人。作为罗马法原始文献之精华摘要，该丛书由译者们以自己辛勤的汗水和青春年华所孕育，并且已经成为中国法治之树不可或缺的营养基础的一部分。这套丛书的再问世得益于商务印书馆学术出版中心的鼎力支持。在这里，我们译者团队特向这套丛书的选编者、对翻译和校对工作提供帮助的人及编辑致以崇高的敬意。

费安玲

2022 年 1 月 26 日于京城静思斋

桑德罗·斯奇巴尼教授序

一、引言

30 年前，我们共同开始了优士丁尼《国法大全》(*Corpus Iuris Civilis*) 原始文献的选译工作。如今，"优士丁尼国法大全选译"丛书在《中华人民共和国民法典》(以下简称《民法典》) 生效后又以统一方式再版。这是中意法学家们在当今时代找到了合作发展的机遇的重要见证，也是该合作得以持续发展的新起点。

首先，我要感谢中意法典化和法学人才培养研究中心中方负责人、中国政法大学中意法与罗马法研究所所长费安玲教授为这个新版本提出的建议，并感谢商务印书馆敏锐地看到这套丛书的重要性并将其纳入于出版计划中。

本丛书的初版在中国政法大学出版社出版时 (以下简称"法大版")，我为其中的每一册撰写了简短的评论式的《说明》。我很高兴地看到，这些《说明》[①] 也将一并重新出版。事实上，我在《说

[①] 法大版的部分分册再版时，将"说明"改作"序"。因此，本丛书中以法大版再版后的版本为基础修订出版的各卷，仍沿用"序"，并注明了版本年份，写作"××年版序"。这一部分亦即这里谈到的"说明"。——编者

明》中简要评论了罗马法学家们的文本提到的一些问题。今天，中国学者所著的罗马法教材越来越多，其中有些还明确提到了古代渊源。因此，我的《说明》有助于他们教材撰写的有效完成。此外，我正在协调《学说汇纂》50卷单卷本的翻译工作，这将使读者们能够完整地在《学说汇纂》中找到其感兴趣的见解。我不仅给"法大版"的各分册均撰写了《说明》，而且除其中两册外，均附有波蒂尔（Pothier，1699—1772）在其《新编学说汇纂》（也称《新学说汇纂范畴内的潘德克吞体系》）（*Pandectae in Novum ordinem digestae*，1748—1752）中提出的解读指引 [1]。

商务印书馆的再版遵循了《学说汇纂》的编序和题目，仅对每个题目下的片段调整了新的顺序（其中包括将一些片段从一个题目放置在另一个题目下的小调整）。这一新顺序有助于对这套丛书进行逐本翻译。同时，它有助于通过多次阅读所产生的对文本本身的解释而使得对这套丛书的阅读变得更为容易。

无疑，优士丁尼《国法大全》指导了后世诸多罗马法学家、民法学家的工作。不过，最为重要的是，它给1804年《法国民法典》中的许多制度提供了有效的解决路径，也间接地给在《法国民法典》基础上发展起来的诸多其他国家的《民法典》提供了指导。然而，优士丁尼《国法大全》并没有穷尽那些依然开放的、与读者一起成长的丰富观点，这些读者往往从新的背景出发，带着新的疑问和新的问题对古代资料提出质疑。德国学说汇纂学派就是对古代资

---

[1] 在一些网站上可以阅读波蒂尔的作品。法语网站可以检索"Hathi Trust Digital Library Pothier Pandectae Justinianeae"，或者检索"openlibrary.org/books"；意大利语网站可以检索"Pothier Pandette di Giustiniano"。

料进行后续解读的一个例子。尽管学说汇纂学派依然是发展其方法论的路径之一，但是学说汇纂学派对古代资料的重新解释的特点在于，他们比罗马法学家的阐述具有更强的抽象性。通过这种方法，学说汇纂学派强调了他们所认为的罗马法的内部体系，罗马法学家们对该内部体系一直未做出明确阐释，但他们却是按照这个体系来进行研究的。不过，在学说汇纂学派看来，该体系秩序有时是依单方面考量的重点、符合其提出的需求和运用所组合而成的。但随后，新的批判性重新解释提供了新的研究结果，其中意大利罗马学家们的重新解释得到了科学的肯定，并且在其他环境、其他人和其他法学家们的参与下对该内部体系进行了新的扩展。然而，所有的重新解释并不是从一个树干上分出的枝杈，而是在同一树干上的连续生长，并且不断地相互交流。

此次再版，在调整丛书各卷的文本时，为了以统一的方式重新出版这些文本，我向费安玲教授提议：鉴于中国《民法典》的生效，在不对当时所做工作进行大幅度修改的情况下，按照中国《民法典》的顺序进行调整。事实上，中国《民法典》与罗马法原始文献之间的对话由来已久，我相信这一对话不仅从立法法上而且从共同法体系上能够对中国法学的未来发展做出有益的阐释，因为生效的中国《民法典》对该共同法体系做出了贡献。民法法典化本身就是对共同法体系的贡献。这是一次我们许多人共同参与的法律对话，而中国的立法者和参与《民法典》编纂并使之问世的中国法学家们现已成为该对话中的主角。

在我们对话的这个新阶段中，我现在要简单回顾一下罗马法体系的四个核心概念：法（ius）、市民（cives）和人类（homines）、法典（codex）、共同法（ius commune）。它们的意义在不断地吸引着我们。

二、渊源多样性的"法"

对于罗马法学家而言，罗马法体系形成的时代是从罗马法始萌到优士丁尼（Iustinianus，482—565年）时期，"市民法"（ius civile）是由不同的渊源所构成的。

首先，市民法是体现人民意愿的法。平民会议决议、元老院决议、皇帝敕令同样是基于人民意愿而产生的。[1] 在此，我对平民会议决议、元老院决议和皇帝敕令不做赘述。

其次，作为法的渊源之一的习俗，同样是人民意愿的一种表达。[2]

---

[1] 有关该问题，盖尤斯《法学阶梯》中的 Gai. 1, 2—5、《学说汇纂》第1卷中的 D. 1, 1, 7pr. 、D. 1, 2, 2, 12 和 D. 1, 4, 1pr. 以及优士丁尼《法学阶梯》中的 I. 1, 2, 3—6 均有阐述。就法律与平民会议决议之间的关系，奥罗·杰里奥（Aulo Gellio）谈道，奥古斯都时代的法学家阿特尤·卡比多（Ateio Capitone）曾经指出，平民会议决议是由主持会议的当选执法官提出法律提案并要求批准而引发的［参见 A. Gellio, N. A. 10. 20. 2 : lex est generale iussum populi aut plebis rogante magistratu（法律是由执法官提议的人民或平民的命令）］。即使是元老院决议，也是由元老院根据召集会议的地方执法官的提议进行表决，在讨论过程中，元老院议员还可能提出其他提议。

事实上，即使是作为人民意志的直接或间接表达的法律概念，在与之无关的原则的压力下，也在很长一段时间内消失了。这些原则主要与中世纪的制度有关，而现代社会推动这些法律概念之重申的原因是对罗马法渊源、对《国法大全》以及对其中存在且保存下来的关于同胞和人民的作用之法律原则进行思考的结果。

[2] 参见《学说汇纂》第1卷中的 D. 1, 3, 32 和优士丁尼《法学阶梯》中的 I. 1, 2, 9。必须强调的是，习俗不以民选执法官提出的建议为前提，而应当与法学家的评价相符合，法学家们将习俗与同法律无关的简单"做法""习惯做法"区别开。

裁判官告示也是法律的渊源。①

最后，基于专业能力（peritia）和智慧（prudentia），②法学家的意见和学说也是法的渊源之一。法学家们对规则加以完善并形成结构化方法，并因此成长起来，其中出现了法学家们用于阐述属和种的归纳演绎法。按照类别、顺序③和其他方式进行分类的方法产生了可验证性以及权威性，因此一些人得到其他已被认为是法学家的人的非正式认可而成为专家，并得到人民的赞赏（当时在某些情况下，还得到了皇帝的支持④）。

法学家的这种制定法律的活动并不限于市民法。从只有作为宗教祭司或者战和事务祭司的僧侣社团成员是法律专家的时代开始，由他们确认和制定的法律就提到了与外国人的"诸共同法"（multa iura communia），以及那些第一次遇到的但实际上已包括在其中的法。这些众多的"诸共同法"在市民法之前就已存在且不断

---

① 参见《学说汇纂》第 1 卷中的 D. 1, 1, 7, 1、D. 1, 2, 2, 10 和 D. 1, 2, 2, 12，优士丁尼《法学阶梯》中的 I. 1, 2, 7，盖尤斯《法学阶梯》中的 Gai. 1, 6。事实上，裁判官是由人民选举产生的执法官，因此是人民意志的体现，但其职能不包括制定法律。然而，在很长一段时间内，在行使法律适用告示并随后由法官裁决争端的职能时，裁判官也可以纠正或创新法律，只要其他裁判官或平民护民官没有否决它即可。因此，裁判官的创新产生了法律，其后汇集到历届裁判官在其任职之初公开张贴的告示里，以便任何人都可以阅读（改变告示中所写的内容构成犯罪。参见《学说汇纂》第 2 卷中的 D. 2, 1, 7、D. 2, 1, 9pr.）。
② 参见《学说汇纂》第 1 卷中的 D. 1, 1, 7pr.、D. 1, 2, 2, 5 和第 12 卷中的 D. 12, 13, 39, 1，盖尤斯《法学阶梯》中的 Gai. 1. 7，优士丁尼《法学阶梯》中的 I. 1, 2, 8。
③ 参见《学说汇纂》第 1 卷中 D. 1, 2, 2, 4、D. 1, 2, 2, 44 中的敕令及相关法学家的阐释。
④ 参见《学说汇纂》第 1 卷中的 D. 1, 2, 2, 49。

发展。几个世纪后，这些法大大增加，它们构成了"万民法"（ius gentium），这是全人类的共同法，适用于全人类，但对所有动物而言，适用的则是自然法（ius naturale）。当然，万民法的渊源中包含着自然理性（naturalis ratio）和自然（nature）。①

因此，法的概念与法律（lex）的概念不完全相同，前者更为宽泛。

这种更宽泛的延伸已被纳入我们的体系中，即使有时会形成一种对比，就像在现代欧洲民族主义遭遇国家主义法律学说或者遭遇凯尔森的纯粹法律学说一样。这些学说主张，法是源自国家的法律或者源自与国家有关的团体法律，②但是，在面对法律本身需要不断适应多种情况和每天不断产生的新情况时，在将法律与其整个体系进行比较时，以及在法律的比较中考量司法裁判的可能性时，在承认人类共同法和人的基本权利时，就会产生一系列理论上和实践上的困境。

法的概念比法律的概念更为宽泛，由产生法的多元渊源所界定的法的概念以一种完整的方式被界定为：对人类而言，法是"善良与公正的艺术"（ars boni et aequi）。③根据这个标准，法的每个渊源所产生的一切都应当从法的角度加以评价。

---

① 参见盖尤斯《法学阶梯》中的 Gai. 1, 1，《学说汇纂》第 1 卷中的 D. 1, 1, 9、D. 1, 1, 1, 3、D. 1, 1, 4 和优士丁尼《法学阶梯》中的 I. 1, 2pr. —1。

② 有时，我们错误地认为，国家法律主义是法治必要的先决条件。但显然，法治并不以国家法律主义为前提，而是要求国家机构尊重法律。

③ 参见《学说汇纂》第 1 卷中的 D. 1, 1, 1pr.。

三、市民：作为产生"城邦"（civitas）及反映 罗马城邦基本情况渊源的术语

罗马古人，即奎里特人（Quirites），被认为是拥有支配权（potestas）[1]的人且是家庭内的支柱和首脑，具有平等地位的家子或被收养的家子亦包含其中，他们将自己托付给国王。第一个国王罗慕路斯（Romolus）在朱庇特（Giove）的主持下建立了罗马城（urbs）[2]。朱庇特被认为是世间的神，是所有已知和未知世界的和平与法律的保障者。他根据地面上的沟壑确定了城市和城墙建造的位置。沟壑、城墙不得翻越，[3]沟壑延至门边不再伸展，从那里始有连接奎里特人及其领土与其他民族和其他王国之间的道路。从那里开始，罗马以其居民家庭为形式向其他自然人和民族开放，使之成为罗马的一部分。在国王的管理下，逐渐形成了"诸共同法"。

多达两个半世纪的酝酿期使得人们确信，他们的团结应当建立在他们自己决定的基础上。

"市民"一词最初并非指住在城市中的居民，而是指那些在互惠关系中彼此为"共同市民"（con-cittadini）的人[4]。他们共同制

---

[1] potestas 应当源自 potis esse。potis esse 即"更多"之意，是指具有自己独立且能够与他人建立关系，并为那些无法与他人建立关系的人及其家庭提供支持的能力。

[2] urbs 应当源自 urbare，参见《学说汇纂》第 50 卷中的 D. 50, 16, 239, 6。

[3] 参见《学说汇纂》第 1 卷中的 D. 1, 8, 11。

[4] 参见 É. Benveniste, *Deux modèles linguistique de la cité, in Échanges et communications*, in *Mél. Lévi-Strauss*, 1, Mouton-L'Aia, 1970, 589 ss.（ = in Id., *Problèmes de linguistique général*, II, Parigi, 1974, 272ss.。

定了《十二表法》，这是他们的共同法则。在此基础上，他们开始对罗马城市国家进行转型，开始追求"使之平等和自由"（aequare libertatem）这一目标，以及由此带来的所有期许和影响。这一目标成为法律的基本特征，他们也因此经历了不断的变革。最重要的是，正是基于这些法律，他们的自我认同才得以确立，并且"城邦才得以建立"[①]。

术语 cives（市民）一词是 civitas（城邦）一词的基体词，civitas 源于 cives。首先，它要表明"共同-市民"的条件，也就是说，市民身份是一种地位，依其意志和法律建立起与其他民族之间的相互关系；其次，它指的是"共同市民在一起"（insieme dei concittadini），并以翻译的方式指"城邦"。如同前面提到的那样，市民身份对所有人开放，接纳他人，被制度化地称为"人民"（popolus），持有源自市民身份的权力。人民被定义为"是许多人基于法的共同意志与共同利益而结合起来的集合体"（coetus multitudinis iuris consensu et utilitatis communione sociatus）[②]，并构成一个实体（corpus），但这是一个"由独立的个体组成的实体"（corpus ex distantibus）[③]，即使存在着特定的统一性，但个体仍然保持着自己的特性。他们是聚集在城邦里的市民，在相互的关系中产生了他们的组织，即"城邦"。

---

① 参见《学说汇纂》第 1 卷中的 D. 1, 2, 2, 4。参见 S. Schipani, *La condificazione del diritto romano romune e l'accrescimento del sistema*. Appunti delle lezioni, cap. II, parte prima, in Liber Amicorum per Massimo Panebianco, 2020。

② 参见 *de Rep.* 1, 25, 39。

③ 参见《学说汇纂》第 41 卷中的 D. 41, 3, 30pr.。

这就是他们的物（res），即"公共物"（res publica），也就是"城邦"。这是他们聚集在一起的结构性产品。并非公共资源或者市民身份使这些人成为市民或者决定了他们存在的这一颇具特征的方式，相反他们就是该城邦的缔造者，其组织结构是他们相互关系的结果，通过活动而得到巩固，且可以被调整。该城邦组织是统一的、团结的，但并非是一个自然的有机体的统一，而是作为一种社会产物，依其模式存在并保证其多元性。①

法律是作为人的市民意志的表达，只对市民有约束力（除少数例外）。作为市民法的渊源，法律也在辨别着市民法，尤其表现在辨别身份时。

对平等的追求是城邦的特点，它使人们认识到，被视为平等的其他民族也有自己的法律，即"利用他们自己的法律"（suis legibus uti）②。在这些规范之外，如前所述，还有适用于所有人的万民法。

基于从家庭过渡到市民身份的社会结构的开放，罗马的扩张是市民条件的扩张。卡拉卡拉（Caracalla，186—217 年）皇帝于 212

---

① 我已经再次强调过，希腊语见证了一个相反的过程：城市（希腊语为 pólis）是市民（politēs）的基体词。城市产生了市民，这与希腊城市最初对自身的封闭有关，它不对外国人开放，也没有建立起一个如同与罗马共同成长的包容的"公共物"，即城邦。

② 我们在执政官提图斯·昆图斯·弗拉米乌斯（Titus Quintus Flaminius）战胜马其顿人后对希腊人的著名演讲中发现，该原则得到了承认和颂扬［参见李维的《自建城以来》（33，32，4—6）："罗马元老院和被誉为皇帝的提图斯·昆图斯在打败了菲利普国王和马其顿人后，下令科林斯人和希腊的其他民族获得自由，免于进贡，并按照自己的法律生活。"］。我们发现该原则在库伊特·穆齐·斯凯沃拉给阿西亚行省的告示中也得到了肯定。在恺撒的《高卢记》和西塞罗等人的作品中均可寻觅到相关内容。

年颁布的《安东尼敕令》①（*Constitutio Antoniniana*）承认了帝国所有居民的市民身份。该敕令给予生活在城市的人们以最大程度的自由和自己法律的选择权，人们根据不同情况将法律适用于他们的关系中，而罗马共同法则适用于有着不同法律的城邦市民之间的关系（这个演进过程也见证了罗马法的传播）。

但是，法超越并包容了所有法律意义上的人和自然意义上的人，这就是法设立的原因和目的。②

四、法典、法学家、法典编纂的创始人和在优士丁尼立法功能基础上的立法者：基本协同；在所有法的体系中以人为首位的宏观分类和宏观排序。

法典思想的酝酿由来已久。我们可以说，它是在城邦设立千年之后才出现的，我们亦可以把它看作体系编纂时代的最后时刻，它在我们这个伟大革命的和重新法典化的时代，为法典的后续发展提

---

① 该敕令可能是用拉丁文起草的，然后由帝国文史翻译成希腊文。希腊文译本出现在一张非常不完整的纸莎草纸上，其来源不明，德国吉森博物馆于 1902 年购买并将其保存［参见发表于《优士丁尼之前的罗马法原始文献》（*Fontes Iuris Romani Anteiustiniani*, FIRA）的文章，佛罗伦萨，1941，第 445 页］。对极度缺乏的纸莎草纸文本中的信息进行整理、研究非常重要。

关于这个问题的相关文献可参阅朱赛佩·格罗索的《罗马法史》（黄风译，中国政法大学出版社 2018 年版）中的相关内容及 M. 塔拉曼卡（M. Talamanca）的《罗马法史纲》（*Lineamenti di Storia del diritto romano*）（周杰译，北京大学出版社 2019 年版）中的相关内容。

② 参见盖尤斯《法学阶梯》第 1 卷中的 Gai. 1, 7；参见《学说汇纂》第 1 卷 D. 1, 5, 2 中法学家赫尔莫杰尼安所说的"所有的法都是为人而设"。

供了支持。

在从城邦到我们的奥古斯都（Augusto，公元前 63 年—公元 14 年）时代之初所采取的新形式中，法学家的工作与皇帝设立的新裁判官机构之间出现了一种融合形式，皇帝通过在一定时期内给法学家以权威而对此给予支持。[①]

这种融合并非是孤曲的独舞，而是同样发生在其他场合。

从 2 世纪开始，法学家们对城邦本身的新结构进行了反思，完善了皇帝不同类型的敕令中法的特有价值。在这些敕令中，皇帝针对已有的法律进行了创新。这些创新有时包含在皇帝做出的司法裁决（decreta）中；有时包含在裁判官告示（edicta）中，其旨在体现皇帝通过其代表对行省政府的治理；有时包含在行政文件中，例如批复（epistulae），批复是皇帝向其代表发出的纯粹政治性的，或者行政性的，甚至法律性的建议，或者用它回应私人的请求。法学家们有时会利用这些文本，将它们作为权威性的引文纳入自己对法律的阐述中，如同他们将其他法学家的观点和学说纳入自己的阐述中一样。因此，借助着法学家们的著作，皇帝对法律一般性的思考成熟起来，[②] 后来它们被通称为"敕令"（constitutiones）。这个词也被用来指皇帝直接颁布的一般文件、独立于上述形式的文件和皇帝自己的倡议。法律的特有价值建立在人民意愿的基础上，因为人民

---

① 参见《学说汇纂》第 1 卷中的 D. 1, 2, 2, 11 和 D. 1, 2, 2, 49。

② 盖尤斯《法学阶梯》中的 Gai. 1, 5 和《优士丁尼法典》中的 C. 1, 14 12, 1 均阐释了法学家在促进皇帝敕令产生法律价值方面的作用："……甚至古代的法律创始人（即法学家）也公开和明确地定义，来自皇帝在法庭上宣布的判决敕令具有法律价值。"

在君主上任之初批准了"君王法"（lex de imperio）①。

在上述记载的其中一个文件内，皇帝再次就涉及法官的法学家的意见进行了干预。事实上，在科学方法多样化的背景下，法学家们的意见有时会相互矛盾。皇帝通过一项敕令规定：如果法学家们的意见一致，对法官应当具有约束力；但是，如果法学家们的意见不一致，法官可以选择他认为最适合其裁判纷争的意见，但法官不能自己研究出另一种解决方案。②

此外，法学家们不仅开始引用和思考敕令，还开始收集敕令。因此，帕皮流斯·尤斯图斯（Papirius Iustus）将2世纪末马尔库斯·奥勒流斯·安东尼努斯（Marcus Aurelius Antoninus）和鲁求斯·维鲁斯（Lucius Verus）两位皇帝的批复汇编为20编的书，没有添加任何自己的内容。他的这部著作随后在《学说汇纂》中以与法学家其他著作相同的方式被使用和引用。③由于在可卷的纸上进行书写（即由羊皮纸装订成册的书）这一创新形式的出现，我们得到了3世纪末法学家格雷戈里亚努斯（Gregorianus）和赫尔莫杰尼安（Hermogenianus）的两部法典。这两部法典收集和整理了皇帝敕令。这些法典还被作为法学家著作，用从事敕令收集与整理的两

---

① 在盖尤斯《法学阶梯》中的 Gai. 1, 5 的最后和《学说汇纂》中的 D. 1, 4, 1pr.，乌尔比安都谈到了涉及君王治权的《君王法》。我们仅能够通过维斯帕西亚努斯（Vespasianus, 9—79年）找到的一块铜板（69年）了解之。在该文本中，我们没有读到赋予君王发布法律的权力条款，而只有非常笼统的一句话："他有权执行和实施一切，根据城邦管理需要，他被认为享有神圣的、人类的、公共的和个人的威严。"因此，除了后来法律的条款不同之外，我们可以理解涉及该法的解释变化。

② 参见盖尤斯《法学阶梯》中的 Gai. 1, 7。

③ 参见《学说汇纂》第8卷中的 D. 8, 2, 14 和 D. 8, 3, 17 等内容。

位法学家的名字命名。①

后来，关于法学家的著作，426年的《引证法》(Lex Citationis)确认了皇帝对规范法学家著作的使用进行了干预。②在法学家的法律专业水平和古典法学家著作的持久性出现危机的情况下，敕令确认了盖尤斯、帕比尼安、保罗、乌尔比安和莫德斯丁著作的价值，③以及他们的著作中包含的其他人的意见。此外，针对解释这些文本的困难以及这些法学家的意见可能存在不一致、使用者可能不知如何解释的情况，敕令规定要接受被大多数人认可的意见；如果依然无法确认，则以帕比尼安的意见为准。

顺着皇帝敕令和法学家解释这两个渊源相遇与互替的思路，狄奥多西二世（Theodosius II，401—450年）皇帝随即开始了法律的编纂，将敕令和作为其注释的法学家意见汇集在一起。由于为此目的而成立的委员会的放弃，这个编纂活动没有取得成果（我们不知道这究竟是由于委员会成员能力不足，还是由于他们对编纂法典有异议）。其后，一个新的委员会完成了《狄奥多西法典》(Codex Theodosianus)的编纂，并于438年颁布。该法典只收集和整理了敕令，且仅限于那些普遍适用的敕令，以便符合在此之前确定的仅承认这些敕令有效的方针。④一方面，这部法典所表达的背景是，在

---

① 参见狄奥多西二世和瓦伦丁尼安《法典》中的1, 4, 3："……从格雷戈里亚努斯、赫尔莫杰尼安、盖尤斯、帕皮尼安和保罗等所有的法学家这里，我们基于当今时代的原因而选择了被认为是必要的内容。"

② 参见狄奥多西二世和瓦伦丁尼安《法典》中的1, 4, 3。

③ 请注意，有关敕令提到了这些法学家们已更多地参与了教学和法律实践。参见 Vaticana Fragmenta 和 Collati 中的记载。

④ 参见《优士丁尼法典》中的 C. 1, 14, 2 和 C. 1, 14, 3。

法律层面的术语中,"法典"这一表达在当时已具有法律书的特定含义。在法典中,法学家的著作和立法者的认可交互融合;另一方面,这部法典对法学研究的新发展形成了一种刺激。此外,在这部法典颁布之前的425年,君士坦丁堡大学[1]"为对法学与法律进行系统阐述"[2]而设立了两个教席,并要求官员们在完成法律学习后才能进入一定级别的帝国官僚机构中。

最终,优士丁尼皇帝在他于527年上任后就立刻关注到应当以可知的更容易、更可靠的编纂方式来提高法律的确定性,并决定用一部法典来更新《狄奥多西法典》,其中要包括在它之后颁布的敕令和特别敕令,也要包括最古老的敕令。这项工作很快就在529年完成了。[3] 该法典没有收录法学家的著作,这些著作的使用由《引证法》规定。优士丁尼坚信,这部法典是他唯一的成果,他希望以他的名字命名,即《优士丁尼法典》。

但是,在这项工作完成后,一个对法及其渊源进行反思的时期开始了。在此期间可以看到,法学家、大臣特里波尼亚努斯

---

① 据史料记载,君士坦丁堡大学成立于425年,由狄奥多西二世创设,其目的是对抗以古爱琴文明为道统传承的雅典学院。在优士丁尼皇帝时代,雅典学院被取缔拆毁,君士坦丁堡大学便成了罗马帝国的最高学府。该大学设有拉丁文、希腊文、法学和哲学等31个教席。教员由元老院委任,学校由市长管理。据传大学图书馆内有36 500卷藏书。该大学后被利奥三世(Leo III, 717—741年在位)拆毁,图书馆也被烧掉。至此,该大学不复存在。——译者

② 参见《优士丁尼法典》中的 C. 11, 19, 1, 1。法律教学也在帝国的其他城市进行,如在埃及的亚历山大、巴勒斯坦的凯撒利亚、非洲省的迦西奇、希腊的雅典和安提奥克。我们知道,在表现出色的贝里托,有来自当时中东各地的学生(参见 L. Wenger, *Die Quellen des römischen Rechts*, Wien, 1953, 616 e 629)。

③ 即529年4月7日的 *Summa rei publica* 敕令。

（Tribonianus，约 500—542 年）发挥了突出作用，他参与了《优士丁尼法典》的编纂，他欣赏他所处时代的法学家的能力并维护法学家的权威，支持他们编纂一部与敕令并行的法典，在该法典中包括教学和司法实践中使用的古代法学家的著作。

优士丁尼和他的一些合作者最初可能认为，对在体系扩展下的法之产生，皇帝的作用往往是或者已经是唯一的渊源。显然，没有人认为要取消古典法学家们对法的产生所具有的作用（在第一部法典中保留的《引证法》就证明了这一点）。然而，在 529 年 11 月的一部敕令中，似乎出现了一种含糊的概念，根据该概念，皇帝在制定新法律方面拥有某种垄断权，他可以用自己的敕令或用自己对敕令的解释来提供一些创新性发展。但是，应注意的是，在敕令中，皇帝只是在为实现法典编纂所做的工作加以辩护，特别是以更加开放的态度将早期的敕令纳入其中，同时承认与个别案件有关的敕令。

无论第一部法典的诞生是基于怎样的方式，这导致对《学说汇纂》工作的思考持续了一年半，而由特里波尼亚努斯倡导的方式似乎占了上风：不仅决定收集和整理法学家著作，而且确认了法学家——甚至他们同时代的法学家——的作用和永久价值。根据 530 年 12 月 15 日的敕令，特里波尼亚努斯受托选择他想要的合作者，并开展将法学家著作汇集进法典的工作。由于清晰认识到自己的权限，并考虑到古典法学家著作中存在的意见分歧，以及在编纂前的几个世纪里法律在默许的转化使用中或通过帝国敕令的干预发生的变化，他认为，作为法典编纂委员会成员的法学家们不应局限于计算多数票，或者不应根据《引证法》的规定考虑提交人对他们发表的意见的或多或少的权威性。但是，他们有选择著作和参与著作撰写的自由，以消除任何矛盾，并使之适应"更好和更有成效的平等"。①换言之，法学家被正式承认有能力做自罗马早期以来法学家一直在做的事情：引用前人的意见，对其进行比较、评估，选择或提出一个新的结论。他们所做工作的质量和法律相关性得到了认可，在促使成果问世的工作中，他们是该成果的"创始人"（conditores），这是一个用于古典法学家和皇帝的重要术语。②

此外，《学说汇纂》不仅收录了编纂者所关注的法学家们的著作，还收录了对编纂体系至关重要的著作，其强调：制定具有法律效力的敕令的权力取决于人民所希望的法律，这就是城邦的基本原则。③

鉴于这项工作的规模，该委员会在很短时间内即完成了这一工作。《学说汇纂》于533年12月16日以拉丁文和希腊文双语敕令的形式问世。这个写给君士坦丁堡元老院和"全体人民"的双语敕令强调，"神圣的善良在保护着我们"。

同时，在最后几个月中还有一项工作，即主要在盖尤斯《法学阶梯》（Gai Institutionum）的基础上起草的一部新的教科书，即优士丁尼《法学阶梯》。优士丁尼《法学阶梯》具有对法律研习的引导功能，该功能与几个世纪前《安东尼敕令》于其最初几十年中引导对法律感兴趣且规模不断扩大的人们研习法律的功能是相同的。

---

① 参见《优士丁尼法典》中的 C. 1, 17, 1, 6，即敕令 *Deo Auct.* 6。

② 参见《优士丁尼法典》中的 C. 1, 17, 2, 17，即敕令 *Tanta* 17；参见桑德罗·斯奇巴尼，《桑德罗·斯奇巴尼教授文集》，费安玲等译，中国政法大学出版社2010版，第72页。

③ 参见《学说汇纂》中的 D. 1, 4, 1pr. 和优士丁尼《法学阶梯》中的 I. 1, 2, 6。

盖尤斯的教科书、优士丁尼的教科书均有自己并非完全描述性而是规范性的宏观分类和宏观体系。因此，优士丁尼《法学阶梯》将部分著作加以综合，同时构建了具有很强结构性的内部体系，与《优士丁尼法典》和《学说汇纂》相互发挥作用。法学家们具有规范性的全部著作得到了体系化张力的支持，但优士丁尼《法学阶梯》对此明确提出了相关建议。该顺序被放置在优士丁尼《法学阶梯》的开篇，而且对《优士丁尼法典》和《学说汇纂》而言似颇具影响，其确定了阅读方向，同时在法学家术语中嵌入了翻译术语"学说汇纂"，以现代化的方式丰富了其内含。[1]优士丁尼《法学阶梯》于533 年 12 月 21 日与《优士丁尼法典》［也称《帝国敕令》(*Constitutio Imperatoriam*)］一起公布。

法律研究计划的改革也已准备就绪，533 年 12 月 16 日的敕令中强调的"一切由我们城邦认可的东西"，表达出对《优士丁尼法典》、优士丁尼《法学阶梯》与法学家之间必要的长期对话的共识，因为编纂者认为，他们的成果能够"使法律每天都向最好的方向发展"(ius cottidie in melius produci)，这是保持法律本身稳定的必要目标。正如编纂者自己计划的那样，他们将彭波尼(Pomponius)[2]的这些话放入了《学说汇纂》中。

情况也是如此，优士丁尼希望自己的《法学阶梯》能够对作为未来法学家的年轻人加以教导，而且强化年轻人最初的学习方向，他将他们称为"年轻的优士丁尼"[3]。

---

① 参见《君士坦丁堡敕令》*Dédōken* 7。

② 参见《学说汇纂》第 1 卷中的 D. 1, 2, 2, 13。

③ 参见《君士坦丁堡敕令》*Omenm 2 Imp.* S。

在《学说汇纂》和优士丁尼《法学阶梯》问世后的第二年，《优士丁尼法典》进行了更新。其与《学说汇纂》工作期间颁布的敕令结合起来，以解决法学家委员会认为立法者必须干预的问题。新版《优士丁尼法典》于534年11月17日通过敕令发布。

无论是《优士丁尼法典》，还是《学说汇纂》，或是优士丁尼《法学阶梯》，都被特称为优士丁尼《国法大全》，以表明它们都同属《国法大全》这一法律著作。它们有着共同特点，即开篇伊始即包括全部的法。

在这里，我不对这些特点加以讨论，[①] 但我认为必须强调的是，作为产生法的两个渊源，在皇帝立法职能基础上的市民——人民立法者（concittadini-popolo legislatore）与法学之间具有协同发展的特点。

如前所述，《国法大全》是罗马法体系两个渊源，即法律和法学家之间相互独立、相互作用的结果。这是一个真正的两个渊源之间的合作，其不仅发展了过去的做法，而且还产生了一个具有高度价值的共同成果，这是前所未有的。与此同时，这一合作并没有削弱两个渊源各自在体系中继续发挥其自主功能。

立法者和法学家的活动都没有以编纂作为结束。优士丁尼发布了许多敕令，这些敕令或许应该纳入一个新的"敕令法典"（codice delle costituzioni）中，其他由他的继任者颁布的敕令也会按照时间顺序被简单收集。法学家们按照不同的路径和方法，致力于汇总、

---

① 对上述特点的更详细阐述，参见朱赛佩·格罗索：《罗马法史》，黄风译，中国政法大学出版社2018年版。

解释、调整和强化这些法典的艰巨工作，以造福于新一代罗马帝国之人和其他民族。他们在超过一千年的时间里所做的一切不仅仅是一个简单的事实，更是基于体系渊源的永久逻辑。

此后，其协同功能被更新，这是近现代再法典化的现实，也是今天的现实。[①]

五、行进在途中的共同法；不变的法之统一与多种语言

古典时代的罗马法学家以复数形式将他们的法称为"罗马人的法律综合体"（iura populi romani）。伴随着《国法大全》的出现，我们看到出现了一个独立的统一概念化的成果：罗马共同法（ius romanum commune）。这一名称包括了市民法、万民法、自然法中已阐述的内容，而非将其删除。对于这些法典而言，这些内容是叠加存在着的。

此外，有学者准确地指出，在《优士丁尼法典》中提到外国人资格，就会获得另一种意思，即"生活在法律之外的人"，或者"处于同一自然界之外的人"。[②] 这三部作品（即《优士丁尼法典》、优士丁尼《法学阶梯》和《学说汇纂》）没有讨论涉及罗马人和外国人之间关系的全部问题，如果他们因婚姻、子女等原因来到罗马帝国，这些问题以前都曾被处理过。[③] 对于成熟的罗马共同法而言，

---

① 相关内容参见桑德罗·斯奇巴尼：《桑德罗·斯奇巴尼教授文集》，费安玲等译，中国政法大学出版社 2010 年版，第 17—71 页。

② 参见《优士丁尼法典》中的 C, 9, 18, 6。

③ 参见盖尤斯《法学阶梯》中的 Gai. 1, 65。

有一个思考的路径。根据该思路，不再有"外国人"。"市民"指向"人类"，反之亦然。或者更确切地说，这是一个正在进行中的运动。

在优士丁尼时代发动的战争，无论是在帝国东部与帕提亚人的战争，还是在帝国西部特别是针对意大利的奥斯特罗哥特人、针对非洲的旺达里人和西班牙南部的西哥特人的战争，都显示了优士丁尼要恢复帝国整体和统一的计划，并且从治国角度而言，法律照顾是一个优先事项[1]。这一优先事项涉及地中海沿岸地区人民之间对"使之平等和自由"（aequare libertatem）的关注，即使他们适用同样的法，一个统一的法。

在《国法大全》中确立的罗马法对罗马帝国中的全体居民有效。[2] 如上所述，使用自己的法律，即《安东尼敕令》所适用的法律，已不再符合广泛的需要。[3] 因此，我们看到了《国法大全》中确认了每个人都要遵守法律规定的内容，这一规定并非偶然，例如，在男女平等地享有继承权方面，就确认了人与人之间的平等。[4] 我们还看到，在最终并入帝国的民族和领土范围内对此也给予了确认。[5] 我们还发现，面对暂时的局势和那些在保留自己政府机构的情况下进入帝国领土的民众，我们在接受保留其法律的同时，也要求他们遵守涉及尊重人的自然属性之完整的有关原则。共同法的扩展按照保护人与平等的思维进行的，这同保护人与平

---

[1]　参见敕令 *Deo auct.* Pr。

[2]　参见 S. Schipani, *La codificazione del diritto romano comune e l'accrescimento del sistema*. Appunti delle lezioni, cap. III, par. 22 e 24。

[3]　参见《学说汇纂》第 1 卷中的 D. 1, 5, 17。

[4]　参见 535 年颁布的《新律》（*Novellae*）。

[5]　同上。

等思维被确认为是法的内部体系中心地位是一致的。在这种扩展中，出现了优先考虑原则。

然而，对所有人、所有民族颁布法律时所使用的表达方式既要谨慎又要包容，还应当意识到依赖于其他政治共同体（politeíai）所存在的困难。

一般性、普遍性的表述逐渐转化为精准的介入，以满足特定情况下的具体需求，正如我们前面所述，开始是将主要交易物作为中心，其后涉及超越国界但与作为其保护者的帝国有关的人。①

法有其特征，它实际上是所有人共同的法，其力量超越了机构和裁判官的效力范围。②"市民"作为构成性和推动性的因素，以其结构上的包容性将其他希望汇聚于市民地位的人均纳入城邦，这意味着作为城邦的共同体之扩大和对等性。法学家对此做出了贡献，他们的法科学包容了所有的人，他们对构成主体的永久多元性进行了思考，从原则上对正在进行的体系编纂进行了阐述，而这就是法的体系之基本组成部分③，其中包括全部的时效内容。

此外，统一性的最大化与平等的新维度相结合，差异亦包括在内：强调法律的统一性，实际上是以一种涉及自治的新方式关注文化的多样性，以适应新的环境。基于团体自有身份的平等，不再强

---

① 参见《优士丁尼法典》中的 C. 1, 3, 51（52），2。

② 参见《学说汇纂》第 1 卷中的 D. 1, 2, 2, 12 和 D. 1, 2, 2, 13。

③ 参见《学说汇纂》第 1 卷中的 D. 1, 2, 1。另参见 S. Schipani, *Principia iuris. Potissima pars principium est. Principi generali del diritto (Schede sulla formazione del concetto)*; *La codificazione giustinianea del ius Romanum commune*, in *La codificazione del diritto romano comune*, rist. ed. 1999 *con Note aggiuntive*, Torino, 2011。

调对特定法律或习俗的适用。这些法律或习俗在一定程度上仍然存在，但在优士丁尼的编纂工作中，已经通过使用自己的语言令这一做法变得成熟。人们渴望通过语言获得罗马共同法，同时也希望将子孙后代们更充分地获取的现代法律内容融入该共同法中，并在其中展示自己的贡献。

法律语言的问题是这种设计的象征。罗马法是用拉丁文构思的，几乎所有文本都使用了这种语言。

法学家们用拉丁文撰写了《国法大全》的大部分，但双语敕令则规定要翻译成希腊文。

如同讲授法律编纂一样，翻译也被认为是法编纂活动的组成部分。翻译是法编纂的延伸。

罗马帝国的东方和西方法律之间实现了平等，因为一部法律有两种语言。因此，人们设计了字面翻译、寻求诠释更为自由的意译、"索引"式翻译（即摘要式的自由翻译），以及用希腊语进行"总结标题式的注释"翻译，其中包括对解释性的题外话、问题和答案、评论说明的翻译，有时还包括对业已存在的部分资料的翻译。

这是一个新的自治维度，即是"利用自己的法律"（suis legibus uti），是尊重不同的市民秩序（politeumáta）。与《安东尼敕令》和以往的经验相比较，这一正在编纂的罗马共同法在不同层次和新的层面上有所增加，它也被理解为实现平等自由和人民在法律上的自治与认同，我们认为这是一种强化统一性的平等方式。共同法和以自己的语言制定的自有法并存。多种语言用于一个法上。这意味着一种开放包容的态度。

桑德罗·斯奇巴尼教授序

感谢参与本译丛翻译的中国同仁！感谢参与其他罗马法原始文献翻译和参与我们正在进行中的《学说汇纂》单卷本翻译工作的中国同仁！感谢将法典化国家的法典翻译为中文的中国同仁！再次感谢中国人民，感谢中国的法学家们，更要特别感谢中国的《民法典》，其所具有的宏观体系、宏观类型和全部民法典的主题均值得我们进行深入研究！愿所有这些渊源能够成为全人类共同法的相遇及成长之地！

桑德罗·斯奇巴尼

意大利罗马"智慧"大学荣休教授

2021 年 2 月 26 日

（费安玲　译）

阿尔多·贝特鲁奇教授序

　　每个人的命运都受到机遇的强烈影响。这同样也发生在我身上。1989 年 2 月，我是罗马托尔·维尔卡塔（Tor Vergata）大学，即罗马第二大学法学院的一名罗马法研究人员，当时我正与担任罗马法教席的桑德罗·斯奇巴尼教授进行合作。其间北京的中国政法大学校长江平教授前来访问，在江平教授的一次重要演讲中，他不仅向我们介绍了中国罗马法研究的情况，还阐述了中国法学在当时构建起适应 20 世纪末中国社会和经济新需求的民法体系的重要性。

　　江平教授特别指出："由于中国目前正在发展市场经济，罗马法对我们是有用的，因为罗马法为市场经济社会提供了丰富的经验和法律解决方案。"他指出，正是由于其内在合理性，罗马法具有普遍的社会价值。[1] 不过他也认为，对于中国学者而言，应当通过分析《国法大全》编纂中收集的罗马法原始文献直接了解罗马法，而不应以经过翻译的现代语言（主要是英语）为中介，也不宜加入西方罗马法学家的诠释。换言之，中国法学家希望了解"罗马人的

---

[1]　参见 Jiang Ping, Il diritto romano nella Repubblica Popolare Cinese, in *Index*. Quaderni camerti di studi romanistici, 16, 1988, p. 367。

罗马法",而不是通过其他国家(甚至是具有悠久罗马法学传统的国家)的语言和意识形态的过滤器来了解。这正是江平教授在1989年结束意大利访问时与斯奇巴尼教授签署合作协议所依据的精神。一个新的挑战由此产生:将罗马法原始文献或至少其中一部分从拉丁文翻译成中文,以便中国法学家们能够立即研究它们,并以他们认为最方便的方式使用它们。在当时的中国,《民法通则》和《婚姻法》《继承法》《经济合同法》已经颁行,而是否以及如何设计和实施一部《民法典》也正在讨论之中。

在此,我走近了我的机遇。作为一名大学研究人员,按照当时的学术习惯,我必须"听从"与我合作的教授的安排。这使我得以在江平教授访问意大利的每个阶段,即从他到达的那一刻直到离开,都能够伴其左右。我去罗马机场接他并最终把他送至罗马机场,参加了他的讲座,参加了关于中意双方未来合作的会谈。为了实现这一合作并使之具体化,合作计划设计了让年轻的中国学者在意大利停留较长时间(一年半至两年)的模式,他们将在斯奇巴尼教授的指导下致力于罗马法学习和原始文献的翻译工作。如果说指导和管理的工作由斯奇巴尼教授来决定,那么就需要有人每天跟随并帮助年轻的中国学者进行学习和翻译活动。这个人就是我。斯奇巴尼教授在众多可供选择的人中选择了我,另外还选择了朱赛佩·德拉奇纳,他是一位汉学家和完美的中文鉴赏家,我们共同开始了工作。

因此,从1989年底开始,在大约十年的时间里,年轻的中国学者与朱赛佩·德拉奇纳和我每周见面一到两次,讨论罗马法的内容并校对原始文献的中译本。工作方案在理论上安排如下:到达罗马后的六个月内，这位由中国政法大学派往意大利的年轻学者要提升其意大利语水平（其已在北京开设意大利语课程的大学学习过意大利语），并开始学习拉丁语的基础知识；六个月后至回国之前，该学者要深化对罗马法的学习研究，并进行罗马法原始文献的翻译。我根据斯奇巴尼教授的指示，亲自安排了翻译前的各阶段活动，斯奇巴尼教授则仔细指导年轻的中国学者完成向罗马法学者的转变。在罗马法原始文献的翻译中，斯奇巴尼教授从优士丁尼《国法大全》里最重要的文本中根据不同主题进行内容筛选，或者审查由我选择并提交给他的文本；其后，我们翻译小组，即朱赛佩·德拉奇纳、我和进行翻译的中国学者对译稿进行讨论与修改；终审和存疑的最后解决都留给斯奇巴尼教授，他通常是邀请中国学者到他当时居住的位于撒丁岛萨萨里的家中待上几日来完成这件事。

因此，"民法大全选译"（中国政法大学出版社版）的各册出版计划得以实现。该计划和出版的总体安排如下：I.1.《正义与法》（黄风译，1992年）；I.2.《人法》（黄风译，1995年）；I.3.《法律行为》（徐国栋译，1998年）；I.4.《司法管辖 审判 诉讼》（黄风译，1992年）；II.《婚姻 家庭》（费安玲译，1995年）；III.《物与物权》（范怀俊译，1993年）；IV.1.《债 契约之债 I》（丁玫译，1992年）；IV.1B.《债 契约之债 II》（丁玫译，1994年）；IV.2A.《阿奎利亚法》（米健译，1992年）；IV.2B《债 私犯之债（II）和犯罪》（徐国栋译，1998年）；V.《遗产继承》（费安玲译，1995年）；VI.《公法》（张礼洪译，2000年）。

根据这个计划的实施，我们可以做一番思考。

首先，我们意识到，第一次将罗马法原始文献的文本直接翻译成中文，不可能将优士丁尼法典化的全部内容包括于内。这是一个新的尝试（肯定与已在中国流传的一些优士丁尼《法学阶梯》英译本不同），它可能是成功的（事实确实如此），也可能失败。正是由于这一计划的成功，2000 年后才进行了罗马法原始文献《学说汇纂》的完整翻译。此外，通过对罗马法原始文献文本的选择，才能够确定那些在后世罗马法传统影响最大的文本，从而为中国法学进行更富有成效的研究与思考提供基础。通过这种方式，人们能够立即看到罗马法渊源的内容，以及中世纪尤其是在 19 世纪和 20 世纪法典编纂时代的现代法律体系对这些渊源的使用方式。

我们可以看到，这套丛书所选择的体系并未遵循已有计划，其既非古代亦非现代，而是按照每个年轻的中国学者的兴趣且与其在意大利学习研究的时间相吻合，这也解释了为什么这套丛书的出版时间与计划中的主题顺序不一致。当然，我们可以说已经确定了总论部分，它包括了 1992 年出版的《正义与法》《司法管辖 审判 诉讼》《债 契约之债 I》和《阿奎利亚法》，但其具有与众不同的特点，因为一方面，其代表了盖尤斯《法学阶梯》和优士丁尼《法学阶梯》的模式（有关于司法和法的规范，以及有关人的规范）与德国的潘德克吞模式（有关法律行为的规范）之间的融合，另一方面，它包括了原始文献中有关民事诉讼的内容，在上述两种模式中均没有该体系设计，故而它更接近于《学说汇纂》（因此也是罗马裁判官告示）的体系方案。该丛书的分论部分也采用了一种混合顺序，即按顺序处理家庭法、物与物权、契约和不法行为之债，基本上是盖尤斯《法学阶梯》及优士丁尼《法学阶梯》的体系。通过在典型合同之前嵌入债的一般规则和契约制度，该体系使得现代民法典（例如，法国、意大利、瑞士、西班牙的《民法典》）受到很大启发。遗产继承放置在最后的位置，即最后一册（第 V 册）中，则体现出《德国民法典》的潘德克吞体系的特点。

将这套丛书对私法以外的罗马法分支领域开放的决定，在今天看来，我认为依然非常重要。其包括《债 契约之债 II》中所提及的"商法"、《债 私犯之债（II）和犯罪》所涉及的刑法内容以及《公法》中从广义上讲包含的行政法的各种表述（财政、军事、教会以及与官僚机构和行业组织等有关的行政法内容）。这是一个大胆的行动，它超越了编纂民法典的目标，并伴随着其后若干年内对罗马公法著作和教材的翻译而取得了相当大的成功。

如果说我上述描述的是我们通过出版这套丛书而取得的具体成果，那么在这些成果的背后则是人，是克服了工作中许多困难的团队精神。现在，这套丛书通过商务印书馆又以崭新的面貌问世，再一次发挥了这一团队精神的作用，它诠释了这一完美的组合。

其一，人。这些来自中国大学的年轻学者们，他们来到罗马，在经过与我们相互认识的最初时刻后，便立即集中精力，非常认真地投入他们的学习和研究中，并展示出了伟大的人格魅力。我们小组成员之间建立起了伟大的友谊，这种友谊在他们返回中国后依然延续着，他们每个人分别在北京、上海和厦门的大学执教并获得了耀眼的成就。在多年的合作中，我们分享了个人和家庭的生活经历，学会了理解对方、尊重对方不同的思维方式和文化传统。我记得我们初识黄风，他是乘坐沿西伯利亚铁路运行的列车抵达罗马的；初识米健和丁玫，他们下飞机时身着颇具中国风格的制服；初识费安玲和徐国栋时，他们汲取了之前到达罗马的学者们的经验，已经显得不那么迷茫了；初识张礼洪时，他当时看起来像一个少年，比他24岁的实际年龄要年轻得多。即使在二十多年后的今天，我们的感情和友谊依然很牢固，尽管彼此见面变得愈加困难。

其二，团队精神。为了实施如此雄心勃勃的翻译计划，我们必须要在团队中形成强大的凝聚力。这需要通过我们之间的不断互动来实现。在每次讨论中，我都能了解到年轻的中国学者的文化和思维方式的许多方面，而他们对意大利的看法也是如此。通过这种方式，我们成功地营造了恰当的合作氛围，同时尊重了我们每个人的个性。这是我生命中的快乐时刻，我非常怀念这些时刻。

其三，工作困难。从理论上讲，这个翻译计划的构思非常好，但在操作中，其实施方法、语言和术语方面的许多障碍都需要我们去克服。

首先是方法。在年轻的中国学者自己做罗马法原始文献的拉丁文文本翻译的情况下，我们是仅讨论其遇到的疑惑，还是要校对所有的内容？我们的选择是：不管有什么疑问，都要校对全部翻译内容。

其次是语言。从拉丁文直接翻译成中文，无法使用英语甚至意大利语作为媒介，因此我们更倾向于借助朱赛佩·德拉奇纳不可替代的语言天赋（中国人也很钦佩他），逐字逐句地校对拉丁文与中文的对应关系的准确性。

最后是术语。罗马法中有着大量的词汇和术语表达（在罗马法传统国家而且不限于这些国家的民法中几乎都出现），由于有多重意思，所以缺少或没有整合出与之对应的中文是常见情况。因此，我们的努力是逐步建立一个具有最大统一性的拉丁文-中文法律词汇表，以20世纪20年代和30年代最重要的中国罗马法学家们的选择为基础，在必要时进行创新。在没有可供选择的情况下，新词被创造出来。当然，研究台湾地区和澳门地区的术语翻译经验也是必要的，因为其民法术语是从罗马法继受过来的，或者是引入全新的术语。遗憾的是，我们没有时间将我们的这份词汇表作为这套丛书的附录出版，但我们确信，它十分有助于中国的罗马法和民法术语的统一化。

这套丛书的初版自1992年问世以来，28年的时光转眼即逝。在此期间发生了很多事情：越来越多重要的罗马法文本或与之相关的文献被翻译成中文；许多新的年轻中国学者来到意大利，通过攻读法学博士学位来完善他们的罗马法和民法研究，他们几乎都是上个世纪90年代来意大利的当时尚年轻的中国学者——现今已是著名学者——的学生（其中有的学生还是他们的子女）；朱赛佩·德拉奇纳现在担任重要的行政职务；我自己也离开了罗马托尔·维尔卡塔大学，在比萨大学法学院做了教授，在那里我找到了许多其他的兴趣点。

中国一直在迅速整合和更新其民法立法，并着手编纂《民法典》，该法典最终于2020年5月通过。在中国不少的法学院都开设了罗马法课程，许多学生都在学习罗马法。然而，近几年来，我有一种悲哀的感觉，罗马法被认为不那么重要了，而且好像在中国对未来法学家的培养中对罗马法不再有兴趣了。在我最近一次对一些中国大学做学术访问时，有人问我，现在研究罗马法有什么意义，因为了解现代法律制度要有用得多，我们为什么还要看过去的"死法"，当今世界，包括法律，都要面对未来和新技术。我认为这种思维方式完全受制于眼前的实际效用，这是很危险的。这种思维也会使他们远离我们以巨大奉献所形成的且给予其生命力的这套丛书。

如今，这套丛书新版的问世展示出罗马式教育对新生代法学家教育所赋予的生命力。对当代重要基本原则，如诚信、公平和效用等的历史渊源的理解，对基本术语，如物权、债、遗产继承等的理解，对大陆法系和英美法系许多规则和制度，如契约、遗嘱、侵权行为等渊源的分析，这套丛书不仅提供了考古学般的碎片，更是为获得分析和解决当今法律问题甚至是与网络发展紧密相关的问题的能力，提供了不可或缺的工具。与此同时，这套丛书也提醒我们，不要忽略法律体系的独特性和一致性。

阿尔多·贝特鲁奇

2020 年 10 月 20 日于比萨

（费安玲　译）

2001 年版序 ①

　　这是一个以罗马法《国法大全》原始文献中有关婚姻、家庭和遗产继承为主题的翻译作品。1995 年在北京出版的有关这些主题的第 II 册和第 V 册已经销售告罄。此次将这两个册子合并在一起出版。

　　将婚姻家庭与遗产继承这两部分置于一个体系化的结构之中，被 1900 年的《德国民法典》和 1942 年的《意大利民法典》所采用。在《德国民法典》中，分则的内容分为 4 个部分，而家庭法和遗产继承法被作为第 4 编和第 5 编加以规定，这使得这两部分内容被联系在一起，它体现出这两部分复杂规范之间的关联性。在《意大利民法典》中，这两部分同样被并列放置在一起，但是，它们一部分被置于"人和家庭"一编中，另一部分被置于"遗产继承"一编中。这一体系化的设置传递出十分明确的信息：家庭关系对遗产继承有着如此重要的影响，以至于在《民法典》的规定中必须要尊重

---

①　本文系《婚姻·家庭和遗产继承》（中国政法大学出版社 2001 年版）一书序言。本书系《婚姻·家庭和遗产继承》的第一部分"婚姻家庭编"；第 6 卷《遗产继承》系其第二部分"遗产继承编"。为了便于读者更好地了解"婚姻家庭"与"遗产继承"这两部分内容之间的关联，本书仍沿用 2001 年版序言。

这一关系存在的状态。其古老的渊源是罗马法。在罗马法中，遗嘱继承是对抗无遗嘱继承的抗辩理由之一，家子变为家父并继承已故者的家父之权，从而对其财产享有支配权。在遗嘱中，人们同样还可以在继承人的基本制度中寻觅到其实质性要素。在这些继承人的关系中，"自权人"有着成为继承人的优先权，而他权人则有着表明成为继承人愿望的可能（这一意思表示对于他权人而言是一个十分重要的旨在追求的结果），同时在遗嘱变更特许权方面，自由权的行使被加以限制。

在盖尤斯《法学阶梯》和优士丁尼《法学阶梯》中，有关人法的论述与我们今天称之为家庭法的论述是一致的。它涉及"自由"和"支配权"（在《人法》中的 I. 1, 3—7、I. 1, 8—26、D. 1, 5 和 D. 1, 6—7）中可看到之外，在 I. 1, 8、D. 1, 6, 1—2 中也能寻觅到"自权人"和"他权人"之间的差异；另一方面，"自由"是"支配权"不可逾越的界限，有关这个问题可在 C. 8, 46, 10 中发现它的踪迹。它使人们记起："对于我们的祖先而言，自由远比父权更为重要，从前，家父被允许有对他的子女进行生杀之权，但剥夺他们的自由是不合法的。"

在优士丁尼《法学阶梯》中，遗产继承权被认为是"无体物"（incorporale）（参阅 I. 2, 2, 2）；在有关物的列举中，遗产继承权是其中一项（I. 2 和 I. 3），并在物权和债权中被加以阐述（I. 2, 10—I. 3, 12）。在该《法学阶梯》中，这些问题又被从遗产继承的角度加以考虑，也就是说，不仅从遗产构成的复杂性上，而且从财产法律关系的变更上对这些问题进行分析，使得财产从已故者处转让给他的继承人。它强调了所有的财产关系都因为去世这一具有唯一性的事实而发生概括继承。这种阐述顺序和考虑问题的角度在《法国民法典》中得到体现，该法典将遗产继承作为法律关系产生的一种方式放在物权和债权之中，即作为第三章的开篇进行规定（《法国民法典》第 718 条等）。在德国学说汇纂学派的论述体系中，继承问题被作为四个专题之一而得到专门的阐述。这四个专题的顺序是：强调遗产继承与家庭关系紧密相联，以便在最大的限度内满足家庭的需要；遗产继承最为核心的问题是遗产的界定、支配和继受；《学说汇纂》在婚姻、嫁资、监护和保佐之后，随即便是有关遗产继承的内容（D. 29—38）。我们也可以看到这样一种顺序，也就是将遗产继承放在物权和债权的论述之后，因为遗产继承既涉及物权，又涉及债权（《阿根廷民法典》第 3279 条等就是这样规定的）。

支配权的概念十分古老。支配权的初始还很有可能包括"物的关系"在内，为此，人们确认"东西是我的"（所有权的概念是通过"物之归属"的交换在经济方面的专门化而得以发展）。支配权的概念还历史性地揭示出公法与私法的区别，并且该词既被用于表述"家父权"，又被用于表述"民众权"，这两种权力不存在对他人的隶属。支配权的基本含义在于"自给自足""自治"，例如，一个人既被称为"家父"，又被称作"自权人"。仅从上述基本含义中便引申出"对人之权"和"对物之权"。不能成为"自权人"而处于"自权人"的支配之下的人是"他权人"。因此，支配权的概念被用于将人区分为"自权人"或者"他权人"两种类型并被用于规定改变身份和终止成为"他权人"的方式，鉴于此，它被用于界定家庭的概念。法律上的家庭被定义为"处于一个支配权下的多个人"（D. 50, 16, 195, 2）。人的复数性是他们结为整体的特征，它构成了一个联合体被得以确认的核心，一个家庭的核心。在这些人中，有该家庭的家父，他不是处于支配权之上，而是要依靠家庭其他成员的帮助从事保障和加强这一联合体的活动。

罗马家庭的职能是广泛的（宗教祭祀、政治、经济、繁殖、抚养和教育后代以使他们成为国家的真正的市民等职能）。这些职能永远给古代史学家们以深刻印象［有兴趣的话请阅读一下公元前 1 世纪的希腊历史学家蒂奥尼基·迪·阿里卡尔那索（Dionigi di Alicarnasso）对希腊家庭和罗马家庭进行的比较］，也给近现代史学家们以深刻印象（了解彭梵得和格罗索指出的家庭与政治组织的相似性和富有特征性的自治问题的分析以及对家庭单一性私人经济或者个体经济概念的比较是极其重要的）。但是，在《法学阶梯》《学说汇纂》或《法典》中，罗马人的家庭概念没有被作为一个给主题研究以顺序的系统化范畴。鉴于此，近现代民法典或者学术作品的系统顺序以不同的方式发展着：有的如同优士丁尼《法学阶梯》，家庭被置于人法的范围内且其中不包括家庭财产关系的论述（例如，《法国民法典》《奥地利民法典》《智利民法典》《阿根廷民法典》）；有的将家庭与人并置而论，其中包括家庭财产关系（例如，《意大利民法典》《巴拉圭民法典》）；有的在包含人身关系和财产关系的专门部分中论述，但将法律主体的人身权区分开（例如，德国学说汇纂派的体系和《德国民法典》《巴西民法典》《秘鲁民法典》）。此外，有的作为法的不同部分且自成一个法典（例如，《波兰家庭法典》《古巴家庭法典》《哥斯达黎加家庭法典》《玻利维亚家庭法典》）。

但是，还需要强调指出，尤其对于家庭这一主题而言，调整家庭基本制度的法律规定大量来自于优士丁尼《法学阶梯》，这些法律规定在家庭内部通过约束性手段被遵守。城邦一方面干预历经数世纪的家庭的一些原始性职能并弱化之，而另一方面，通过共和国时期的监察官和皇帝设立的为维护法律及对遵守和执行法律进行监察的官职，使监护被强化，它不排除一些重要干预的再现〔例如，哈德良皇帝将父权中依规则对犯罪行为进行惩处之权重新启用，"它应当具有公正性而非残暴"。（D. 48, 95）〕。许多家庭生活和"善良市民"家庭教育的原则和规范在法学家们的作品中或者在法律原始文献内记载的其他法律活动中没有被表述出来；在能够给法官以指导的旨在解决疑难的基本概念的表述中亦未涉及之，因为人们并不希望将上述问题提交给法官，而是最大限度地在家庭内部和它的自治范围内给予解决。

在该原始文献的选辑中，力求在《国法大全》的阐述顺序与反映家庭法特性的阐述顺序之间架起一座桥梁。为了体现这一设想，本书涉及了家庭法的三个题目：婚姻（I. 1, 9—10、D. 23—25、C. 5, 1—27）；监护和保佐（I. 1, 13—26、D. 26—27、C. 528—75）；他权人的财产关系（D. 14—15、C. 4, 25—29、I. 29、I. 3, 28、I. 4, 7—8）。如同人们所看到的那样，前两个题目的顺序已非常接近《国法大全》的顺序；相反，第三个题目大部分被优士丁尼置于债的主题之下。

婚姻的主题内涵十分丰富："男女间的结合，是终生的结合，是人法和神法的结合"（D. 23, 2, 1），这就是婚姻的含义所在。从中人们可以领悟到宗教的、伦理的、生衍的和经济的多重意思和效力。因此，它涉及嫁资、共同财产的构成及与婚姻有关的一些其他问题；涉及子女的确认、保护及相互扶养的义务。所有这些都通过夫妻之间的终身相伴不分离的生活方式（I. 1, 9, 1）表现出基本的自由权和相互之爱。

支配权还是一个系统化的概念，它将监护与婚姻衔接在一起。婚姻是生育处于家父权下子女的途径；在家父权下的子女还有婚生子女和养子女（I. 1, 9pr.、I. 1, 10, 13、I. 1, 11pr. 和《人法》中的 D. 1, 7）；但是，那些"因年龄而不能自我保护的人"和基于不同的原因未处于父权之下的人，被设立监护所形成的"力量与支配权"（D. 26, 1, 1pr.、I. 1, 13, 1）保护着。这一保护根据不同的原因亦适用于其他人。

罗马人最具独创性的做法是：对经济性活动任命一名总管并规定了特有产的制度，这些做法涉及了经济活动，尤其是众多的内部财产（全部家庭财产）活动的核心，并将他们划分为权利享有者、自治管理者、有限责任者等不同层次。该做法形成了一个十分有趣的模式：它同家父权的遗传性和教理性的关系并未妨碍它同法律性活动所产生的一般债的关系的关联性。将这一主题与其他家庭基本原理一起进行探讨以便了解家庭经济生活的不同侧面是十分重要的，但是，不应当将对这些基本原理与《国法大全》的关系的研究弃置一边。

遗产继承的核心是继承人的资格，首先是"自家继承人"，也就是作为支配权标的的子女，他们基于家父的去世而变成"自权人"，其次是依法有继承资格的那些人。从理性和历史性上讲，合法的继承是遗产继承的第一本质，没有"自家继承人"的家父可以通过遗嘱指命继承人，这最初是在作为支配权下的继承人的儿子去世后，家父为自己指命死后收养的一种方式。支配权的这一特殊功能在于可指定任何一名继承人（表现为通过收养，家父指命一名儿子；通过解放奴隶，家父指命一名奴隶为解放自由人和市民。它们都是性质相同的表述），还允许撤销继承权、剥夺继承权，指定其他一名继承人进行替补（表现为将儿子从支配权下和继承关系内的"自家继承人"地位中解脱出来的功能）。因此，遗嘱是市民个人自主地表达意志的一个机会，遗嘱继承则给法定继承人以帮助。据此，它们经常是相互协调的。解决协调的方法很多且非固定化，尤其是，如同给遗嘱继承人一定的限制一样，也要给法定继承人以界定。只要对所有的市民自治问题进行特别深入的研究，便会明白遗嘱继承不纯是一种意愿，而是将集中体现着家父权力的意志付诸实践，将家父权的行使转移给另一个人，共同利益的规则恰当地适用于现存的人身关系和财产关系；最好的规则是由法律规定的客观标准，它体现着法律的约束力。此外，只要对法律行为的意愿进行特别深入的研究，就会明白遗嘱所处的地位，在研究遗嘱人的意愿时，其目的在于正确地探究遗嘱人的行为比被指定为继承人的人和第三人的行为有着更多的自由。在法律行为的理论名著中，许多规则都针对遗嘱这一主题进行了详尽阐述。遗嘱的重要性同样影响着阐述的顺序，因此，尽管从理性和历史的角度讲，法定继承有着优先地位，但是，无论是在 I. 2, 10 还是在 D. 28 等内容中，遗嘱继承优于法定继承。

继承人继承已故者的支配权，对他们的可转让的法律关系的整体，继承人仅基于被继承人的法律地位这一单一事实就可进行继承，他们的继承是依关系的多重性而进行，它涉及奉祀礼仪、教育义务、人身关系和财产关系。继承人可以有多个，但是，他们从来都不是单一遗产物的继承人，而是全部遗产或者四分之一份额遗产的继承人。而将特定物交给特定人，则要通过遗赠进行。对遗赠的研究是该主题的一个十分重要的组成部分，并且，只要仔细研究有关的法律行为就会明白遗赠所处的地位。遗产信托复杂的历史变迁同优士丁尼巨作中有关遗赠变更的内容相互协调；那些历史的差异给人们以实质性的知识，使人们认识到了与遗产信托的信任基础相关联的一些规范的真正起源，并表明了它与遗赠的不同。

本书除了向人们展示了上述主题外，还与《人法》选择的内容相互补充。与所有的其他先编辑的册子一样，考虑到一些内容在优士丁尼《法学阶梯》中已被相当深入地进行了探讨（例如禁止性婚姻，参考 I. 1, 10, 1—10 ），故而本选辑较少涉及之。为此，本书与 I. 1 和 I. 2, 10—3, 12 相互补充。

拉丁文的翻译由中国政法大学学者、该大学罗马法研究中心成员费安玲教授完成，并经过由阿尔多·贝特鲁奇教授和朱赛佩·德拉奇纳博士组成的意大利工作组的校对。该项工作是根据中国政法大学同罗马法传播研究组达成的协议，由费安玲教授在罗马第二大学罗马法研究部进修期间进行的。随后，费安玲教授在北京、罗马和博罗尼亚对罗马继承法及其他专题进行了深入的研究。她撰写的《罗马继承法研究》一书是一本十分重要的著作。在该著作中，她以其善于独立思考的能力，对罗马法中有关遗产继承的原始文献进行了分析和研究。对此，我们曾在其他不少场合给予了称赞和评价。现在，她又独立地将罗马法原始文献的相关内容加以充实并再版。在该书中，她对原来的译文进行了进一步的完善，将选译的内容进行了合并，补充了新的十分有益的目录，尤其是完成了拉汉文本的对照工作。这些工作是十分重要的。无论是更好地介绍罗马法，还是作为一种更为有效的学习和研究的方法，拉丁文的目录和原始文献对于读者和研究者而言是十分必要的。术语是罗马人在他们的法律中完成其科学精品的第一工具，将其与中文术语进行比较，不仅是而且应当是科学对话的基础。

意大利罗马第二大学

桑德罗·斯奇巴尼

2001 年 10 月 30 日于罗马

目　　录

目 录

1. **De matrimonio** ··(2)

  1.1 Definitio: de potestate, familia, matrimonio, propinquitate ·······(2)

    1.1.1 Potestas ···(2)

    1.1.2 Familia ···(4)

    1.1.3 Matrimonium ···(8)

    1.1.4 Propinquitas ···(8)

  1.2 De sponsalibus ···(16)

    1.2.1 Definitio ···(16)

    1.2.2 Condicio roburis: consensu sponsuum ···········(16)

    1.2.3 Et consensus patris ···································(18)

    1.2.4 Aetas ···(18)

    1.2.5 Effectus ···(20)

    1.2.6 Solutio ···(22)

  1.3 De matrimonio ···(24)

    1.3.1 De significatione verborum ·························(24)

    1.3.2 De condicionibus matrimonii et de

         matrimoniis prohibitis ·······························(26)

    1.3.3 Consensus ···(34)

    1.3.4 De ductione mulieris in domum mariti ·········(40)

    1.3.5 De effectu matrimonii, de societate coniugali et de

         prohibitione donationum inter

         virum et uxorem ·······································(42)

  1.4 De devortio et de repudio ·································(54)

    1.4.1 De solutione matrimonii ·····························(54)

    1.4.2 De solutione mortis causa et de secundis nuptiis ·······(54)

    1.4.3 De solutione captivitatis causa ···················(56)

目　录

1. 婚姻 ···（3）

　　1.1　含义：支配权、家庭、婚姻、亲属关系 ···········（3）

　　　1.1.1　支配权 ···（3）

　　　1.1.2　家庭 ···（5）

　　　1.1.3　婚姻 ···（9）

　　　1.1.4　亲属关系 ···（9）

　　1.2　订婚 ···（17）

　　　1.2.1　定义 ···（17）

　　　1.2.2　有效要件：订婚人的同意 ·····························（17）

　　　1.2.3　支配权人的同意 ···（19）

　　　1.2.4　年龄 ···（19）

　　　1.2.5　效力 ···（21）

　　　1.2.6　解除订婚 ···（23）

　　1.3　结婚 ···（25）

　　　1.3.1　含义 ···（25）

　　　1.3.2　结婚的要件和禁止性婚姻 ·····························（27）

　　　1.3.3　同意 ···（35）

　　　1.3.4　在婚姻住所中娶妻 ···（41）

　　　1.3.5　结婚的效力、夫妻合伙和夫妻间赠与的禁止 ·······（43）

　　1.4　关于离婚和弃夫弃妻 ···（55）

　　　1.4.1　婚姻的一般解除 ···（55）

　　　1.4.2　因死亡解除婚姻和第二次婚姻 ·······················（55）

　　　1.4.3　因被奴役解除婚姻 ···（57）

目 录

1.4.4 De devortio: de significatione verborum ······················(58)

1.4.5 De forma et voluntate ···(58)

1.4.6 De causis ···(62)

1.4.7 De sanctionibus ··(64)

1.5 De dote ··(66)

1.5.1 De dote et eius constitutione ··(66)

1.5.2 De dote constante matrimonio ······································(76)

1.5.3 De restitutione dotis solutionis matrimonii causa ···········(86)

1.6 De bonis paraphernalibus
et de donationibus propter nuptias ·····························(96)

1.6.1 De bonis paraphernalibus ··(96)

1.6.2 De donationibus ···(100)

1.7 De liberis agnoscendis et alendis ······································(102)

1.7.1 De liberis natis post devortium ······································(102)

1.7.2 De partu agnoscendo et de custodia partus ·····················(104)

1.7.3 De alimentis ···(114)

1.8 De concubinatu ···(122)

1.8.1 Verborum significatio ··(122)

1.8.2 Condiciones ···(122)

1.8.2.1 Affectio ···(124)

1.8.2.2 Effectus ···(124)

2. De tutela et de cura ··(128)

2.1 De tutela pupillorum: de significatione verborum ···········(128)

2.2 De constitutione et cessatione tutelae;
condiciones generales ···(130)

1.4.4　离婚：含义 ………………………………………（59）

1.4.5　形式与意愿 ………………………………………（59）

1.4.6　原因 ………………………………………………（63）

1.4.7　罚金 ………………………………………………（65）

1.5　嫁资 ……………………………………………………（67）

1.5.1　嫁资及其构成 ……………………………………（67）

1.5.2　婚姻期间的嫁资 …………………………………（77）

1.5.3　婚姻解除时嫁资的归还 …………………………（87）

1.6　妻子带来的嫁资之外的财产 …………………………（97）

1.6.1　妻子带来的嫁资之外的财产 ……………………（97）

1.6.2　赠与 ………………………………………………（101）

1.7　子女的认定和抚养费 …………………………………（103）

1.7.1　离婚后出生的子女 ………………………………（103）

1.7.2　怀孕的证实和胎儿的保护 ………………………（105）

1.7.3　抚养的义务 ………………………………………（115）

1.8　姘合 ……………………………………………………（123）

1.8.1　术语 ………………………………………………（123）

1.8.2　必要条件 …………………………………………（123）

1.8.2.1　构成要素：意愿 ………………………………（125）

1.8.2.2　效力 ……………………………………………（125）

2.　监护和保佐 ………………………………………………（129）

2.1　未适婚人的监护：含义 ………………………………（129）

2.2　监护的设立和撤销：一般条件 ………………………（131）

目 录

2.3 De tutela testamentaria ···(134)

2.4 De tutela legitima ···(140)

2.5 De tutela dativa ···(144)

2.6 De officio tutoris ···(146)

2.7 De satisdatione tutoris ··(150)

2.8 De responsabilitate tutoris ···(152)

2.9 De cura ceterarum personarum ···(156)

3. De negotiis eorum qui in aliena potestate sunt ·····················(160)

3.1 De obligationibus a personis alieni iuris contractis ···········(160)

3.2 De actione institoria ···(162)

3.3 De actione tributoria ···(168)

3.4 De peculio ···(172)

3.5 De eo quod in rem patris versum est ····································(180)

3.6 De negotiis contractis iussu patris ·······································(184)

3.7 De peculio castrensi ···(186)

3.8 De bonis relictis a matre o aliter adquisitis ·························(190)

2.3 遗嘱监护 ································· （135）

2.4 法定监护 ································· （141）

2.5 指定监护 ································· （145）

2.6 监护人的职责 ····························· （147）

2.7 监护人对被监护人的担保 ···················· （151）

2.8 监护人的责任 ····························· （153）

2.9 对未适婚人以外的其他人的保佐 ················ （157）

3. 他权人的法律活动 ························· （161）

3.1 涉及他权人的责任能力 ····················· （161）

3.2 总管之诉 ································· （163）

3.3 分摊之诉 ································· （169）

3.4 特有产 ··································· （173）

3.5 给主人或家父的财产返还于特有产之诉 ·········· （181）

3.6 由家父承担的全部责任 ····················· （185）

3.7 军役特有产 ······························ （187）

3.8 母亲留下的财产或者得到的其他的财产 ·········· （191）

索引 ··· （194）

婚姻与家庭

1. De matrimonio

1. 1 Definitio: de potestate, familia, matrimonio, propinquitate
(D. 1. 6 ; D. 38. 10 ; D. 50. 16)

1. 1. 1 Potestas

D. 50. 16. 215 Paulus 1. S. ad 1. fuf. canin.

'Potestatis' verbo plura significantur: in persona magistratuum imperium: in persona liberorum patria potestas: in persona servi dominium. at cum agimus de noxae deditione cum eo qui servum non defendit, praesentis corporis copiam facultatemque significamus. in lege Atinia in potestatem domini rem furtivam venisse videri, et si eius vindicandae potestatem habuerit, Sabinus et Cassius aiunt.

1. 婚　　姻

1.1　含义：支配权、家庭、婚姻、亲属关系
（D. 1, 6 ; D. 38, 10 ; D. 50, 16）

1.1.1　支配权

D. 50, 16, 215[1]　**保罗：《富菲亚·卡尼尼亚法评注》单卷本**

"支配权"（potestatis）一词有多种含义：对于官员而言，它意味着被赋予的统治权（imperium）；对于子女而言，它意味着父权；对于奴隶而言，它意味着所有权（dominium）。当我们对不为自己的奴隶进行辩护的主人提出损害赔偿之诉时，我们针对的是当时对奴隶享有所有权的人。萨宾[2]和卡修斯[3]说道：依《阿蒂尼亚法》的规定，当所有权人有提起因所有权得到确认而要求返还之诉的诉权时，我们才认为被盗之物处于其主人的权力之下。

---

①　在本书中，D. 代表优士丁尼《学说汇纂》，C. 代表《优士丁尼法典》，其后的阿拉伯数字依次代表卷、章、条、款的编号，pr. 代表头款。——译者

②　1 世纪法学家。——译者

③　同上。——译者

1. De matrimonio

1. 1. 2 Familia

D. 50. 16. 195. 1 Ulpianus 46 ad ed.

'Familiae' appellatio qualiter accipiatur, videamus. et quidem varie accepta est: nam et in res et in personas deducitur. in res, ut puta in lege duodecim tabularum his verbis 'adgnatus proximus familiam habeto'. ad personas autem refertur familiae significatio ita, cum de patrono et liberto loquitur lex: 'ex ea familia', inquit, 'in eam familiam' : et hic de singularibus personis legem loqui constat.

D. 50. 16. 195. 2 Ulpianus 46 ad ed.

Familiae appellatio refertur et ad corporis cuiusdam significationem, quod aut iure proprio ipsorum aut communi universae cognationis continetur. iure proprio familiam dicimus plures personas, quae sunt sub unius potestate aut natura aut iure subiectae, ut puta patrem familias, matrem familias, filium familias, filiam familias quique deinceps vicem eorum sequuntur, ut puta nepotes et neptes et deinceps. pater autem familias appellatur, qui in domo dominium habet, recteque hoc nomine appellatur, quamvis filium non habeat: non enim solam personam eius, sed et ius demonstramus: denique et pupillum patrem familias appellamus. et cum pater familias moritur, quotquot capita ei subiecta fuerint, singulas familias incipiunt habere: singuli enim patrum familiarum nomen subeunt. idemque eveniet et in eo qui emancipatus est: nam et hic sui iuris effectus propriam familiam habet. communi iure familiam dicimus omnium adgnatorum: nam etsi patre familias mortuo singuli singulas familias habent, tamen omnes, qui sub unius potestate

4

1.1.2　家庭

D. 50, 16, 195, 1　乌尔比安:《告示评注》第 46 卷

我们考虑"家庭"(familia)一词的含义是什么。其含义是多种多样的。因为它既涉及财产,又涉及人。例如,在《十二表法》中,在"……最近的宗亲属继承未立遗嘱而死亡的人的家庭"的规定中,将家庭理解为财产(res)。对于人而言,家庭的含义是相对的,同样,《十二表法》在谈到保护人(patronus)①和解放自由人时,以"从那个家庭中"或者用"在那个家庭中"的说法,将家庭理解为单独的人。

D. 50, 16, 195, 2　乌尔比安:《告示评注》第 46 卷

家庭的含义还可理解为由多个人组成的实体。该实体可分为狭义家庭和广义家庭。在广义家庭中包括所有的有血亲关系的人。狭义家庭是指无论是基于自然,或者基于法律规定都处于同一个支配权之下的多个人。比如,家父、家母、家子、家女,以及以后接替他们位置的孙子、孙女,并一代代地如此循序渐进。被称为家父者在家中有着最高的地位,即使他没有儿子,依然宜用这一称谓。因此,我们解释为:家父不仅仅是指他这个人,也是指一种支配权。因此,当我们讲到家父时,还要提到被监护人和当家父去世时隶属于他的人们开始有其单独的家庭。因为每个人都拥有了家父的名称。同样,我们还要涉及是解放自由人的问题。因为这些人一旦解放出来就变成家父。就广义家庭而言,它包括全部的有宗亲属关系的人,虽然伴随着家父的去世,每一个

---

① 指对获得自由的奴隶或者平民仍有保护权的贵族。——译者

fuerunt, recte eiusdem familiae appellabuntur, qui ex eadem domo et gente proditi sunt.

D. 50. 16. 195. 3   Ulpianus 46 ad ed.

Servitutium quoque solemus appellare familias, ut in edicto praetoris ostendimus sub titulo de furtis, ubi praetor loquitur de familia publicanorum. sed ibi non omnes servi, sed corpus quoddam servorum demonstratur huius rei causa paratum, hoc est vectigalis causa. alia autem parte edicti omnes servi continentur: ut de hominibus coactis et vi bonorum raptorum, item redhibitoria, si deterior res reddatur emptoris opera aut familiae eius, et interdicto unde vi familiae appellatio omnes servos comprehendit. sed et filii continentur.

D. 50. 16. 195. 4   Ulpianus 46 ad ed.

Item appellatur familia plurium personarum, quae ab eiusdem ultimi genitoris sanguine proficiscuntur (sicuti dicimus familiam iuliam), quasi a fonte quodam memoriae.

D. 50. 16. 40. 2   Ulpianus 56 ad ed.

'Familiae' appellatione liberi quoque continentur.

D. 50. 16. 40. 3   Ulpianus 56 ad ed.

Unicus servus familiae appellatione non continetur: ne duo quidem familiam faciunt.

D. 50. 16. 195. 5   Ulpianus 46 ad ed.

Mulier autem familiae suae et caput et finis est.

人都有其家庭，但是所有的都曾处于同一父权之下的人都是同一家庭的成员，因为他们来自于同一个宗族。

D. 50, 16, 195, 3　乌尔比安：《告示评注》第 46 卷

如同我们在《裁判官告示》"偷盗"一章中看到的裁判官们谈论关于承办收税业务的奴隶一样，我们通常还用"家庭"一词来表达由多个奴隶组成的实体。但是如同在《告示》中看到的一样，家庭不涉及所有的奴隶，而仅涉及从事收税业务的奴隶。但是在《告示》的其他部分，家庭则包括全部的奴隶。例如，在谈到暴力抢劫之诉时，在谈到退还购买的瑕疵物之诉时，尤其是涉及退还的物品被购买方或他的奴隶的家庭造成损坏的情况，或者涉及防止暴力令状时。在上述情况中，家庭不仅包括全部的奴隶，而且还包括全部的子女。

D. 50, 16, 195, 4　乌尔比安：《告示评注》第 46 卷

同样，由多个人组成的产生于同一遥远的祖先的实体也被称为家庭。因此，例如奥古斯都皇帝的家庭（我们称之为尤里亚家庭），这就像我们共同强调一个遥远的记忆似的。

D. 50, 16, 40, 2　乌尔比安：《告示评注》第 56 卷

"家庭"一词也包括子女在内。

D. 50, 16, 40, 3　乌尔比安：《告示评注》第 56 卷

单独的奴隶不包括在家庭之中。两个奴隶亦不构成家庭。

D. 50, 16, 195, 5　乌尔比安：《告示评注》第 46 卷

女性是其家庭的起源和终端。

1. 1. 3   Matrimonium

D. 1. 6. 3   Gaius 1 inst.

Item in potestate nostra sunt liberi nostri, quos ex iustis nuptiis procreaverimus: quod ius proprium civium Romanorum est.

D. 1. 6. 4   Ulpianus 1 inst.

Nam civium Romanorum quidam sunt patres familiarum, alii filii familiarum, quaedam matres familiarum, quaedam filiae familiarum. patres familiarum sunt, qui sunt suae potestatis sive puberes sive impuberes: simili modo matres familiarum; filii familiarum et filiae, quae sunt in aliena potestate. nam qui ex me et uxore mea nascitur, in mea potestate est: item qui ex filio meo et uxore eius nascitur, id est nepos meus et neptis, aeque in mea sunt potestate, et pronepos et proneptis et deinceps ceteri.

1. 1. 4   Propinquitas

D. 50. 16. 51   Gaius 23 ad ed. provinc.

Appellatione 'parentis' non tantum pater, sed etiam avus et proavus et deinceps omnes superiores continentur: sed et mater et avia et proavia.

D. 50. 16. 56. 1   Ulpianus 62 ad ed.

'Liberorum' appellatione continentur non tantum qui sunt in potestate, sed omnes qui sui iuris sunt, sive virilis sive feminini sexus sunt exve feminini sexus descendentes.

1.1.3　婚姻

D. 1, 6, 3　盖尤斯：《法学阶梯》第1卷

同样，我们的基于合法婚姻出生的子女处于我们的支配权之下，这是一个有关罗马市民的特有法。

D. 1, 6, 4　乌尔比安：《法学阶梯》第1卷

事实上，在罗马市民中，一些人是家父，另一些人是家子，一些人是家母，另一些人是家女。那些是家父的人是自权人，无论他是适婚人还是未适婚人。家母亦如此。那些是家子和家女的人处于他人的支配权下。同样，我的儿子及其妻子所生的儿子，即我的孙子和孙女处于我的支配权下，曾孙子和曾孙女以及其他的直系卑亲属同样均处于我的支配权之下。

1.1.4　亲属关系

D. 50, 16, 51　盖尤斯：《行省告示评注》第23卷

在"家长"（parentis）一词中，不仅包括父亲（pater），而且包括祖父（avus）、曾祖父（proavus）及其他所有的依次往上排列的祖先；但是不包括母亲（mater）、祖母（avia）和曾祖母（proavia）。

D. 50, 16, 56, 1　乌尔比安：《告示评注》第62卷

关于"卑亲属"（liberorum）一词，不仅包括处于父权之下的人，而且还包括是自权人的所有男性后代、女性后代和由女儿所生育的后代。

1. De matrimonio

D. 50. 16. 84   Paulus 2 ad vitell.

'Filii' appellatione omnes liberos intellegimus.

D. 38. 10. 10pr.   Paulus l. S. de grad. et adfin.

Iuris consultus cognatorum gradus et adfinium nosse debet, quia legibus hereditates et tutelae ad proximum quemque adgnatum redire consuerunt: sed et edicto praetor proximo cuique cognato dat bonorum possessionem: praeterea lege iudiciorum publicorum contra adfines et cognatos testimonium inviti dicere non cogimur.

D. 38. 10. 10. 1   Paulus l. S. de grad. et adfin.

Nomen cognationis a Graeca voce dictum videtur: συγγενεις enim illi vocant, quos nos cognatos appellamus.

D. 38. 10. 4. 1   Modestinus 12 pand.

Cognati ab eo dici putantur, quod quasi una communiterve nati vel ab eodem orti progenitive sint.

D. 38. 10. 4. 2   Modestinus 12 pand.

Cognationis substantia bifariam apud Romanos intellegitur: nam quaedam cognationes iure civili, quaedam naturali conectuntur, nonnumquam utroque iure concurrente et naturali et civili copulatur cognatio. et quidem naturalis cognatio per se sine civili cognatione intellegitur quae per feminas descendit, quae vulgo liberos peperit. civilis autem per se, quae etiam legitima dicitur, sine iure naturali cognatio consistit per adoptionem. utroque iure consistit cognatio, cum iustis nuptiis contractis copulatur. sed naturalis quidem cognatio hoc ipso nomine appellatur: civilis autem cognatio licet ipsa quoque per se plenissime hoc nomine vocetur, proprie tamen adgnatio vocatur, videlicet quae per mares contingit.

D. 50, 16, 84　保罗：《维特里乌斯评注》第 2 卷

关于"子女"（filii）一词，我们认为它是指所有的儿子们和女儿们。

D. 38, 10, 10pr.　保罗：《亲等和姻亲及其名词》单卷本

法学家应当研究宗亲属的亲等和姻亲。因为根据法律，遗产继承和监护通常涉及每一个最近的宗亲。裁判官也是通过他的告示给每一个最近的血亲以遗产占有。此外，根据刑事诉讼法律，我们不能强行反对姻亲者和宗亲者作证人。

D. 38, 10, 10, 1　保罗：《亲等和姻亲及其名词》单卷本

血亲一词来自希腊语，希腊语称之为 συγγενεις，我们称之为 cognatus。

D. 38, 10, 4, 1　莫德斯丁：《学说汇纂》第 12 卷

"血亲"被认为是指几乎出生于或者来自于一个共同祖先的人。

D. 38, 10, 4, 2　莫德斯丁：《学说汇纂》第 12 卷

对罗马人亲属关系的实质要从两方面理解：亲属关系一方面是基于市民法而形成，另一方面则基于自然法而形成，有时亲属关系的发生是基于市民法与自然法的融合。事实上，存在着只有自然法的而没有市民法的亲属关系，例如，妇女分娩的非婚生子女。市民法上的亲属关系，即法律上的亲属关系，也存在着并非基于自然法而形成的亲属关系，例如，通过收养产生的亲属关系。当儿子基于合法的婚姻关系出生时，该亲属关系既基于自然法又基于市民法而产生。但是，自然亲属关系仅此一名称，而市民法的亲属关系则还有更确切的名称，称作宗亲属关系（adgnatio），因为该亲属关系产生于男性一方。

1. De matrimonio

D. 38. 10. 10. 2   Paulus l. S. de grad. et adfin.

Cognati sunt et quos adgnatos lex duodecim tabularum appellat, sed hi sunt per patrem cognati ex eadem familia: qui autem per feminas coniunguntur, cognati tantum nominantur.

D. 38. 10. 10. 3   Paulus l. S. de grad. et adfin.

Proximiores ex adgnatis sui dicuntur.

D. 38. 10. 10. 4   Paulus l. S. de grad. et adfin.

Inter adgnatos igitur et cognatos hoc interest quod inter genus et speciem: nam qui est adgnatus, et cognatus est, non utique autem qui cognatus est, et adgnatus est: alterum enim civile, alterum naturale nomen est.

D. 38. 10. 10. 5   Paulus l. S. de grad. et adfin.

Non parcimus his nominibus, id est cognatorum, etiam in servis: itaque parentes et filios fratresque etiam servorum dicimus: sed ad leges serviles cognationes non pertinent.

D. 38. 10. 10. 6   Paulus l. S. de grad. et adfin.

Cognationis origo et per feminas solas contingit: frater enim est et qui ex eadem matre tantum natus est: nam qui eundem patrem habent, licet diversas matres, etiam adgnati sunt.

D. 38. 10. 10. 7   Paulus l. S. de grad. et adfin.

Parentes usque ad tritavum apud Romanos proprio vocabulo nominantur: ulteriores qui non habent speciale nomen maiores appellantur: item liberi usque ad trinepotem: ultra hos posteriores vocantur.

D. 38. 10. 10. 8   Paulus l. S. de grad. et adfin.

Sunt et ex lateribus cognati, ut fratres sororesque et ex his prognati: item patrui amitae et avunculi et materterae.

D. 38, 10, 10, 2　保罗：《亲等和姻亲及其名词》单卷本

在《十二表法》中被称为宗亲的人也被称为血亲。他们是基于父系而形成的同一家庭的亲属；基于母系出生的亲人仅被称为血亲。

D. 38, 10, 10, 3　保罗：《亲等和姻亲及其名词》单卷本

隶属于父权之下的人们被认为是宗亲属中关系最近的人。

D. 38, 10, 10, 4　保罗：《亲等和姻亲及其名词》单卷本

因此，血亲与宗亲属之间的区别是属与种的区别。因为凡是宗亲属者同时也是血亲；而凡是血亲者并非一定是宗亲属者。因为，宗亲属是市民法上的概念，血亲则是自然法上的概念。

D. 38, 10, 10, 5　保罗：《亲等和姻亲及其名词》单卷本

我们在讨论血亲时，还应当涉及奴隶的问题。我们通常讲奴隶父母、奴隶子女、奴隶兄弟。但是市民法不涉及奴隶的亲属关系。

D. 38, 10, 10, 6　保罗：《亲等和姻亲及其名词》单卷本

亲属关系的初始仅能由女性产生，事实上，仅仅是同一母亲所生的人才被认为是兄弟。因此，当他们是同父异母时，也是宗亲属。

D. 38, 10, 10, 7　保罗：《亲等和姻亲及其名词》单卷本

罗马人上至高曾祖父都有自己的名称。更早的没有特别称呼的人都被称作祖先（maiores）。同样，下至玄孙都有自己的称呼，他们之后的人被称作后裔。

D. 38, 10, 10, 8　保罗：《亲等和姻亲及其名词》单卷本

在旁系亲属关系中，还有兄弟和姐妹及他们所生的子女。此外还有叔爷、伯爷、姑奶、姨奶、叔、伯、姑、舅、姨①及其配偶等。

---

① 在拉丁文中，父亲的姐妹、父系的姑、婶、姨、伯母、舅妈均是一个单词 amita；叔、伯、舅和母亲的姐妹的配偶均是一个单词 avunculus，母亲的姨是 matertera。——译者

1. De matrimonio

D. 38. 10. 10. 9   Paulus l. S. de grad. et adfin.

Nam quotiens quaeritur, quanto gradu quaeque persona sit, ab eo incipiendum est cuius de cognatione quaerimus: et si ex inferioribus aut superioribus gradibus est, recta linea susum versum vel deorsum tendentium facile inveniemus gradus, si per singulos gradus proximum quemque numeramus: nam qui ei, qui mihi proximo gradu est, proximus est, secundo gradu est mihi: similiter enim accedentibus singulis crescit numerus. idem faciendum in transversis gradibus: sic frater secundo gradu est, quoniam patris vel matris persona, per quos coniungitur, prior numeratur.

D. 38. 10. 10. 10   Paulus l. S. de grad. et adfin.

Gradus autem dicti sunt a similitudine scalarum locorumve proclivium, quos ita ingredimur, ut a proximo in proximum, id est in eum, qui quasi ex eo nascitur, transeamus.

D. 38. 10. 4pr.   Modestinus 12 pand.

Non facile autem, quod ad nostrum ius attinet, cum de naturale cognatione quaeritur, septimum gradum quis excedit, quatenus ultra eum fere gradum rerum natura cognatorum vitam consistere non patitur.

D. 38. 10. 4. 3   Modestinus 12 pand.

Sed quoniam quaedam iura inter adfines quoque versantur, non alienum est hoc loco de adfinibus quoque breviter disserere. adfines sunt viri et uxoris cognati, dicti ab eo, quod duae cognationes, quae diversae inter se sunt, per nuptias copulantur et altera ad alterius cognationis finem accedit: namque coniugendae adfinitatis causa fit ex nuptiis.

D. 38. 10. 4. 4   Modestinus 12 pand.

Nomina vero eorum haec sunt: socer socrus, gener nurus, noverca vitricus, privignus privigna.

D. 38, 10, 10, 9 保罗:《亲等和姻亲及其名词》单卷本

的确,在研究一个人处于哪一亲等时,应当从人入手分析其亲属关系。如果他是直系亲属上或下一亲等的人之一者,如果我们在每一个亲等中都考虑最近亲属之人的话,我们便很容易地找到上一亲等或下一亲等。事实上,离我最近的人对于我而言是第二亲等;同样,离我越远的亲等,数字越大。① 在旁系的亲等中也应这样为之。为此,兄弟处于第二亲等,因为生育我和兄弟的父亲或母亲在亲属关系中被认为处于第一亲等。

D. 38, 10, 10, 10 保罗:《亲等和姻亲及其名词》单卷本

亲等类似于阶梯或者斜坡之状,我们由前至后地行进在该阶梯或斜坡中,这就如同第二个阶梯是从第一个阶梯产生出来的一样。

D. 38, 10, 4pr. 莫德斯丁:《学说汇纂》第 12 卷

至于我们的法律,当确认是否有血亲关系时,不易考虑到第七亲等,因为事物的自然性决定着不可能有超过这一亲等的生命的存在。

D. 38, 10, 4, 3 莫德斯丁:《学说汇纂》第 12 卷

不过,因为有一些法律规定涉及姻亲关系,那么就要以少量的词语来讨论一下什么样的人是姻亲。丈夫或者妻子的血亲就是姻亲(adfinis)。之所以这样说,是因为婚姻将两种不同的血亲关系联系在一起。姻亲关系产生的原因是婚姻。

D. 38, 10, 4, 4 莫德斯丁:《学说汇纂》第 12 卷

他们的称呼是:岳父和岳母,公公和婆婆,女婿和儿媳,继父和继母,养父和养母,继子和继女。

---

① 即从第二亲等往第三、第四及其后的亲等类推下去。——译者

1. De matrimonio

D. 38. 10. 4. 5   Modestinus 12 pand.

Gradus autem adfinitati nulli sunt.

1. 2   De sponsalibus

(D. 23. 1/2 ; D. 38. 10 ; D. 45. 1 ; D. 47. 10 C. 5. 1/17)

1. 2. 1   Definitio

D. 23. 1. 1   Florentinus 3 inst.

Sponsalia sunt mentio et repromissio nuptiarum futurarum.

D. 23. 1. 2   Ulpianus l. S. de sponsal.

Sponsalia autem dicta sunt a spondendo: nam moris fuit veteribus stipulari et spondere sibi uxores futuras.

D. 23. 1. 3   Florentinus 3 inst.

Unde et sponsi sponsaeque appellatio nata est.

1. 2. 2   Condicio roburis: consensu sponsuum

D. 23. 1. 4pr.   Ulpianus 35 ad sab.

Sufficit nudus consensus ad constituenda sponsalia.

D. 23. 1. 4. 1   Ulpianus 35 ad sab.

Denique constat et absenti absentem desponderi posse, et hoc cottidie fieri.

D. 38, 10, 4, 5 莫德斯丁:《学说汇纂》第 12 卷
不存在姻亲的亲等。

1.2 订婚
（D. 23, 1/2；D. 38, 10；D. 45,1；D. 47, 10 C. 5, 1/17）

1.2.1 定义

D. 23, 1, 1 佛罗伦汀:《法学阶梯》第 3 卷
订婚（sponsalia）是关于未来婚姻的相互允诺。

D. 23, 1, 2 乌尔比安:《订婚评注》单卷本
"订婚"一词来自于允诺（spondere），事实上是就未来的妻子进行的缔约（stipulari）与允诺，这是古人的一种习惯。

D. 23, 1, 3 佛罗伦汀:《法学阶梯》第 3 卷
因此，未婚夫和未婚妻的称呼便产生了。

1.2.2 有效要件：订婚人的同意

D. 23, 1, 4pr. 乌尔比安:《萨宾评注》第 35 卷
一个简单的赞同便可以使订婚得以产生。

D. 23, 1, 4, 1 乌尔比安:《萨宾评注》第 35 卷
有一点是众所周知的，即尽管当事人缺席，允诺依然能够成立，迄今为止该情形仍在发生。

1. De matrimonio

D. 23. 1. 18   Ulpianus 6 ad ed.

In sponsalibus constituendis parvi refert, per se (et coram an per internuntium vel per epistulam) an per alium hoc factum est: et fere plerumque condiciones interpositis personis expediuntur.

D. 23. 1. 11   Iulianus 16 dig.

Sponsalia sicut nuptiae consensu contrahentium fiunt: et ideo sicut nuptiis, ita sponsalibus filiam familias consentire oportet.

D. 23. 1. 12. 1   Ulpianus 1. S. de sponsal.

Tunc autem solum dissentiendi a patre licentia filiae conceditur, si indignum moribus vel turpem sponsum ei pater eligat.

D. 23. 1. 13   Paulus 5 ad ed.

Filio familias dissentiente sponsalia nomine eius fieri non possunt.

1. 2. 3   Et consensus patris

D. 23. 1. 7. 1   Paulus 35 ad ed.

In sponsalibus etiam consensus eorum exigendus est, quorum in nuptiis desideratur. intellegi tamen semper filiae patrem consentire, nisi evidenter dissentiat, Iulianus scribit.

1. 2. 4   Aetas

D. 23. 1. 14   Modestinus 4 diff.

In sponsalibus contrahendis aetas contrahentium definita non est ut in matrimoniis. quapropter et a primordio aetatis sponsalia effici

D. 23, 1, 18　乌尔比安:《告示评注》第 6 卷

若订婚人自己亲自从事订婚活动并在现场,(或者通过使者,或者通过书信,)或者通过其他方式,对于订婚的成立都不产生影响。采取通过使者的方式经常是为了商讨订婚的条件。

D. 23, 1, 11　尤里安:《学说汇纂》第 16 卷

如同结婚一样,订婚是在订约人同意的情况下产生,因此,如同结婚一样,订婚也同样需要得到家女的同意。

D. 23, 1, 12, 1　乌尔比安:《订婚评注》单卷本

但是,那时仅在父亲所选择的未婚夫是一个有丑恶习惯或者是一个下流之徒时,女儿才有对父亲的意见持有异议的自由。

D. 23, 1, 13　保罗:《告示评注》第 5 卷

若家子不同意,订婚便不能成立。

1.2.3　支配权人的同意

D. 23, 1, 7, 1　保罗:《告示评注》第 35 卷

在订婚时,也应当得到赞同结婚的人[①]的同意。尤里安[②]写道:如果显然没有异议,父亲总是十分同意女儿的意见。

1.2.4　年龄

D. 23, 1, 14　莫德斯丁:《区别集》第 4 卷

在达成订婚协议时,如同结婚时一样,缔约人的年龄是非

---

① 例如父亲等。——译者

② 2 世纪法学家。——译者

1. De matrimonio

possunt, si modo id fieri ab utraque persona intellegatur, id est, si non sint minores quam septem annis.

1. 2. 5　Effectus

D. 45. 1. 134pr.　Paulus 15 resp.

Titia, quae ex alio filium habebat, in matrimonium coit Gaio Seio habente familiam: et tempore matrimonii consenserunt, ut filia Gaii Seii filio Titiae desponderetur, et interpositum est instrumentum et adiecta poena, si quis eorum nuptiis impedimento fuisset: postea Gaius Seius constante matrimonio diem suum obiit et filia eius noluit nubere: quaero, an Gaii Seii heredes teneantur ex stipulatione. respondit ex stipulatione, quae proponeretur, cum non secundum bonos mores interposita sit, agenti exceptionem doli mali obstaturam, quia inhonestum visum est vinculo poenae matrimonia obstringi sive futura sive iam contracta.

D. 38. 10. 8　Pomponius 1 enchir.

Servius recte dicebat socri et socrus et generi et nurus appellationem etiam ex sponsalibus adquiri.

D. 23. 2. 12. 2　Ulpianus 26 ad sab.

Sed et per contrarium sponsa mea patri meo nubere non poterit, quamvis nurus non proprie dicatur.

D. 47. 10. 15. 24　Ulpianus 77 ad ed.

Sponsum quoque ad iniuriarum actionem admittendum puto: etenim spectat ad contumeliam eius iniuria, quaecumque sponsae eius fiat.

D. 23. 2. 38. 1　Paulus 2 sent.

Veterem sponsam in provincia, qua quis administrat, uxorem

限定性的。因此，尽管他们年龄小，但是明白彼此之间的所作所为，也就是说他们如果年龄不小于 7 岁便可以订婚。

1.2.5　效力

D. 45, 1, 134pr.　保罗：《解答集》第 15 卷

从他人处得到一子的蒂兹娅与有一女儿的盖尤斯·塞伊乌斯结婚。在结婚时，他们达成一个书面协议：盖尤斯·塞伊乌斯的女儿要嫁给蒂兹娅的儿子。如果他们之中的一人给婚姻设置障碍，协议对此附有惩罚性条款。其后，盖尤斯·塞伊乌斯去世，他的女儿不愿成亲。有人问：盖尤斯·塞伊乌斯的继承人是否必须要按照协议承担责任？答曰：对于未按良俗而达成的协议，盖尤斯·塞伊乌斯的继承人可以提出恶意诈欺抗辩，因为以交付罚金为要挟，强行缔结未来的或者已有婚约的婚姻是不公平的。

D. 38, 10, 8　彭波尼：《手册》第 1 卷

塞尔维乌斯讲得好：岳父母、女婿、儿媳的称呼都来自于订婚行为。

D. 23, 2, 12, 2　乌尔比安：《萨宾评注》第 26 卷

但是，与之相反，我的未婚妻不能嫁给我的父亲，尽管她尚不能被称作儿媳。

D. 47, 10, 15, 24　乌尔比安：《告示评注》第 77 卷

我认为：未婚夫也应被允许提起侵辱之诉，也就是说，任何对他未婚妻的侮辱即被看作是对他的侮辱。

D. 23, 2, 38, 1　保罗：《判决集》第 2 卷

一个人可以娶他担任公职所在地的已订婚的未婚妻为妻

ducere potest et dos data non fit caduca.

1. 2. 6   Solutio

D. 23. 1. 17   Gaius 1 ad l. iul. et pap.

Saepe iustae ac necessariae causae non solum annum vel biennium, sed etiam triennium et quadriennium et ulterius trahunt sponsalia, veluti valetudo sponsi sponsaeve vel mortes parentium aut capitalia crimina aut longiores peregrinationes quae ex necessitate fiunt.

C. 5. 17. 2   Imperatores Valer. et Gallien.

Liberum est filiae tuae, si sponsum suum post tres peregrinationis annos expectandum sibi ultra non putat, omissa spe huius coniunctionis matrimonium facere, ne opportunum nubendi tempus amittat, cum posset nuntium remittere, si praesente eo consilium mutare voluisset.

Valer. et Gallien. AA. et Valer. C. Paulinae. ⟨ *a 259 PP. VII k. April. Aemiliano et Basso conss.* ⟩

D. 23. 1. 10   Ulpianus 3 disp.

In potestate manente filia pater sponso nuntium remittere potest et sponsalia dissolvere. enimvero si emancipata est, non potest neque nuntium remittere neque quae dotis causa data sunt condicere: ipsa enim filia nubendo efficiet dotem esse condictionemque extinguet, quae causa non secuta nasci poterit. nisi forte quis proponat ita dotem patrem pro emancipata filia dedisse, ut, si nuptiis non consentiret, vel contractis vel

子，^① 女方给予的嫁资不归于国库。

1.2.6　解除订婚

D. 23, 1, 17　盖尤斯:《尤流斯和帕皮流斯法评注》第 1 卷

订婚经常因为合理的和必要的原因而被迟延，其不仅需要一年或两年时间，而且还需要三年和四年的时间或者更长，例如，未婚夫或未婚妻患有疾病，或者父母去世，或者犯有死罪，或者在异国作较长时间的必要旅行，^② 基于这些原因将订婚加以推迟是必要的。

C. 5, 17, 2　瓦莱里亚努斯皇帝和加里埃努斯皇帝及瓦莱里亚努斯太子致保莉娜

若你的女儿等待她的在国外逗留的未婚夫，超过三年而不再想等待时，她可以同其他人结婚。因为这一婚姻的希望是渺茫的。她不能蹉跎出嫁的好时光。她可以寄一书信给未婚夫告知她已改变了想法，这与当面通知他一样。

（259 年，执政官埃米利亚努斯和巴索执政）

D. 23, 1, 10　乌尔比安:《争辩集》第 3 卷

当女儿还在父权控制之下时，其父可以寄一封信给女儿的未婚夫，声明解除订婚。但是，如果女儿脱离了父权，则其父既不能寄解除订婚的信给女儿的未婚夫，也不能要求他返还嫁资。因为，该女儿是独自为婚姻准备嫁资的，故而消除了其父要求返还嫁资的诉权。除非有人证明曾附加了下列条件：若他不同意已有

---

① 订婚行为是在他担任公职之前完成。——译者

② 如公务旅行、朝圣等。——译者

1. De matrimonio

non contractis repeteret quae dederat: tunc enim habebit repetitionem.

C. 5. 1. 1 Imperatores Diocletianus et Maximianus

Alii desponsata renuntiare condicioni ac nubere alii non prohibetur.

Diocl. et Maxim. AA. et CC. Bianori. ⟨ *a 293 D. XVIII k. Mai. AA.*
conss. ⟩

C. 5. 1. 3 Imperatores Gratianus Valentinianus et Theodosius

Arris sponsaliorum nomine datis, si interea sponsus vel sponsa
decesserit, quae data sunt iubemus restitui, nisi causam, ut nuptiae non
celebrentur, defuncta persona iam praebuit.

Grat. Valentin. et Theodos. AAA. Eutropio pp. ⟨ *a 380 D. XV k. Iul.*
Thessalonicae Gratiano V et Theodosio AA. conss. ⟩

1. 3   De matrimonio

(D. 1.5/9 ; D. 3. 2 ; D. 7. 4 ; D. 23. 2 ; D. 24. 1 ;
D. 25. 2 ; D. 34. 1 ; D. 35. 1 ; D. 41. 2 ; D. 43. 16/30 ;
D. 48. 5 ; D. 50. 1/17 ; C. 5. 4/5/17)

1. 3. 1   De significatione verborum

D. 23. 2. 1   Modestinus 1 reg.

Nuptiae sunt coniunctio maris et feminae et consortium omnis
vitae, divini et humani iuris communicatio.

的或者准备缔结的婚姻，有权提起"返还嫁资之诉"。

C. 5, 1, 1　戴克里先皇帝和马克西米安皇帝致比亚诺里乌斯

不禁止已订婚的女性放弃未婚妻的身份而与其他男性结婚。

（293 年，上述皇帝执政）

C. 5, 1, 3　瓦伦丁尼安[①] **皇帝和狄奥多西皇帝致大区长官埃乌特洛皮乌斯**

我们命令：如果未婚夫或者未婚妻去世，给付的订婚保证物应当给予返还，除非该人有对婚姻构成妨碍的行为。

（380 年，于萨洛尼卡，瓦伦丁尼安皇帝第 5 次执政和狄奥多西皇帝第 1 次执政）

1.3　结婚

（D. 1, 5/9；D. 3, 2；D. 7, 4；D. 23, 2；D. 24, 1；
D. 25, 2；D. 34, 1；D. 35, 1；D. 41, 2；D. 43, 16/30；
D. 48, 5；D. 50, 1/17；C. 5, 4/5/17）

1.3.1　含义

D. 23, 2, 1　莫德斯丁：《规则集》第 1 卷

结婚（nuptiae）是男女间的结合，是生活各方面的结合，是神法和人法的结合。

---

① 亦称瓦伦丁尼亚努斯。——译者

1. 3. 2 De condicionibus matrimonii et de matrimoniis prohibitis

D. 23. 2. 16. 2 Paulus 35 ad ed.

Furor contrahi matrimonium non sinit, quia consensu opus est, sed recte contractum non impedit.

D. 23. 2. 4 Pomponius 3 ad sab.

Minorem annis duodecim nuptam tunc legitimam uxorem fore, cum apud virum explesset duodecim annos.

C. 5. 5. 2 Imperatores Diocletianus et Maximianus

Neminem, qui sub dicione sit Romani nominis, binas uxores habere posse vulgo patet, cum et in edicto praetoris huiusmodi viri infamia notati sint. quam rem competens iudex inultam esse non patietur.

Diocl. et Maxim. AA. Sebastianae. ⟨ *a 285 PP. III id. Dec. Diocletiano A. II et Aristobulo conss.* ⟩

D. 23. 2. 53 Gaius 11 ad ed. provinc.

Nuptiae consistere non possunt inter eas personas quae in numero parentium liberorumve sunt, sive proximi sive ulterioris gradus sint usque ad infinitum.

D. 23. 2. 14pr. Paulus 35 ad ed.

Adoptivus filius si emancipetur, eam quae patris adoptivi uxor fuit ducere non potest, quia novercae locum habet.

D. 23. 2. 14. 1 Paulus 35 ad ed.

Item si quis filium adoptaverit, uxorem eiusdem quae nurus loco est ne quidem post emancipationem filii ducere poterit, quoniam aliquando nurus ei fuit.

1.3.2　结婚的要件和禁止性婚姻

D. 23, 2, 16, 2　保罗:《告示评注》第 35 卷

精神病患者（furor）不能结婚，因为婚姻需要同意的意思表示（consensus）。但是，在结婚之后患有精神病的，不妨碍已有婚姻的效力。

D. 23, 2, 4　彭波尼:《萨宾评注》第 3 卷

如果一名不满 12 岁的女子成为他人之妻，在婚姻期间满了 12 岁，她便成为合法的妻子。

C. 5, 5, 2　戴克里先皇帝和马克西米安皇帝致塞巴斯亚努斯

众所周知，一个被罗马城统管的人不能同时有两个妻子。因为在裁判官告示中，这种同时有两个妻子的人被认为是可耻的、不名誉的人。对这种情况，一个有资格的法官，对不给其以处罚的情形是不能容忍的。

（285 年，戴克里先皇帝第 2 次执政和阿里斯托布洛执政）

D. 23, 2, 53　盖尤斯:《行省告示评注》第 11 卷

婚姻在直系亲属之间，无论是近亲还是远亲，均不能发生。

D. 23, 2, 14pr.　保罗:《告示评注》第 35 卷

脱离父权的养子不能娶曾是养父之妻的女性，因为她具有养母的身份。

D. 23, 2, 14, 1　保罗:《告示评注》第 35 卷

同样，如果某人收养了一个儿子，在养子脱离父权之后，某人也不能娶养子之妻为妻子，因为她过去已经具有了儿媳的身份。

1. De matrimonio

D. 23. 2. 17pr. Gaius 11 ad ed. provinc.

Per adoptionem quaesita fraternitas eousque impedit nuptias, donec manet adoptio: ideoque eam, quam pater meus adoptavit et emancipavit, potero uxorem ducere. aeque et si me emancipato illam in potestate retinuerit, poterimus iungi matrimonio.

D. 23. 2. 14. 2 Paulus 35 ad ed.

Serviles quoque cognationes in hoc iure observandae sunt. igitur suam matrem manumissus non ducet uxorem: tantundem iuris est et in sorore et sororis filia. idem e contrario dicendum est, ut pater filiam non possit ducere, si ex servitute manumissi sint, etsi dubitetur patrem eum esse. unde nec volgo quaesitam filiam pater naturalis potest uxorem ducere, quoniam in contrahendis matrimoniis naturale ius et pudor inspiciendus est: contra pudorem est autem filiam uxorem suam ducere.

D. 23. 2. 14. 3 Paulus 35 ad ed.

Idem tamen, quod in servilibus cognationibus constitutum est, etiam in servilibus adfinitatibus servandum est, veluti ut eam, quae in contubernio patris fuerit, quasi novercam non possim ducere, et contra eam, quae in contubernio filii fuerit, patrem quasi nurum non ducere: aeque nec matrem eius, quam quis in servitute uxorem habuit, quasi socrum. cum enim cognatio servilis intellegitur, quare non et adfinitas intellegatur? sed in re dubia certius et modestius est huiusmodi nuptiis abstinere.

D. 48. 5. 30 (29). 1 Ulpianus 4 de adult.

Mariti lenocinium lex coercuit, qui deprehensam uxorem in adulterio retinuit adulterumque dimisit: debuit enim uxori quoque irasci, quae matrimonium eius violavit. tunc autem puniendus est maritus,

D. 23, 2, 17pr.　盖尤斯:《行省告示评注》第 11 卷

在收养关系存续期间, 基于收养而产生的兄弟姐妹关系对婚姻构成障碍。因此, 如果是被我父亲收养而后被解放的女子, 我可以娶其为妻; 同样, 如果我被解放而她仍然在父权之下, 我们也可以缔结婚姻。

D. 23, 2, 14, 2　保罗:《告示评注》第 35 卷

所有这些法律规则在奴隶亲属关系中都被奉行着。因而, 被解放的奴隶不能娶他的母亲为妻。同样, 这些法律规则也适用于他的姊妹和姊妹的女儿。根据同样的法律规则, 反之亦然, 当父亲被从受奴役状态下解放出来后, 不能娶亦被从受奴役状态中解放出来的女儿为妻, 即使有人怀疑他是否真正是她的父亲。故此, 生父不能娶其私生女为妻, 因为在缔结婚姻时必须遵循自然法的准则和应有的耻辱观; 显然, 娶自己的女儿为妻是违背这一耻辱观的。

D. 23, 2, 14, 3　保罗:《告示评注》第 35 卷

然而, 同样的法律规则在奴隶亲属关系中得到奉行的同时, 还应当在奴隶姻亲关系中得到遵循, 例如, 不能娶曾与父亲同居生活的女奴为妻, 因为她被认为是准母亲; 反之亦然, 父亲不能娶曾与儿子同居生活的女奴为妻, 因为她被认为是准儿媳。如同不能娶自己的母亲一样, 也不能娶自己妻子的尚为女奴的母亲为妻, 因为她被认为是岳母。如果要遵守奴隶亲属关系, 为什么不同时也遵守奴隶姻亲关系呢? 但是, 在有疑问的情况下, 回避这类婚姻要更为明智和简单。

D. 48, 5, 30 (29), 1　乌尔比安:《通奸评注》第 4 卷

该法律规定: 如果某人娶了一名因通奸而被处罚的女子为妻子, 他依本法要被追究刑事责任。现在我们要来分析该规定是

cum excusare ignorantiam suam non potest vel adumbrare patientiam praetextu incredibilitatis: idcirco enim lex ita locuta est 'adulterum in domo deprehensum dimiserit', quod voluerit in ipsa turpitudine prehendentem maritum coercere.

D. 23. 2. 23   Celsus 30 dig.

Lege Papia cavetur omnibus ingenuis praeter senatores eorumque liberos libertinam uxorem habere licere.

D. 23. 2. 16pr.   Paulus 35 ad ed.

Oratione divi Marci cavetur, ut, si senatoris filia libertino nupsisset, nec nuptiae essent: quam et senatus consultum secutum est.

D. 23. 2. 27   Ulpianus 3 ad l. iul. et pap.

Si quis in senatorio ordine agens libertinam habuerit uxorem, quamvis interim uxor non sit, attamen in ea condicione est, ut, si amiserit dignitatem, uxor esse incipiat.

D. 23. 2. 36   Paulus 5 quaest.

Tutor vel curator adultam uxorem ducere non potest, nisi a patre desponsa destinatave testamentove nominata condicione nuptiis secuta fuerit.

D. 23. 2. 62pr.   Papinianus 4 resp.

Quamquam in arbitrio matris pater esse voluerit, cui nuptum filia communis collocaretur, frustra tamen ab ea tutor datus eligetur: neque enim intellegitur pater de persona tutoris cogitasse, cum ideo maxime matrem praetulit, ne filiae nuptias tutori committeret.

D. 23. 2. 59   Paulus l. S. de adsign. libert.

Senatus consulto, quo cautum est, ne tutor pupillam vel filio suo vel sibi nuptum collocet, etiam nepos significatur.

否适用于诱奸。最被接受的观点是：适用之。显然，若依该法，一名女性因为其他原因被惩处，则丈夫娶她为妻不被追究刑事责任。

D. 23, 2, 23 杰尔苏:《学说汇纂》第 30 卷

依《帕皮流斯法》的规定，除元老院成员及其儿子之外，允许所有的生来自由人娶被解放的女奴为妻。

D. 23, 2, 16pr. 保罗:《告示评注》第 35 卷

从马尔库斯皇帝的谕令中人们可以看到如下的规定：如果一名元老院成员的女儿嫁给了解放自由人，该婚姻无效。元老院的决议随后确认了这一规定。

D. 23, 2, 27 乌尔比安:《尤流斯和帕皮流斯法评注》第 3 卷

如果是元老院阶层的人娶了被解放的女奴为妻，不论怎样，当该人在元老院任职期间，被解放的女奴不具有妻子的名分；但是，如果他放弃了显贵的高位，她便开始具有了妻子的名分。

D. 23, 2, 36 保罗:《问题集》第 5 卷

如果没有通过订婚的方式或者在父亲的遗嘱中被指定，监护人（tutor）或者保佐人（curator）不能娶被监护或者被保佐的成年女性为妻。

D. 23, 2, 62pr. 帕比尼安:《解答集》第 4 卷

尽管在父亲的决定中确认由孩子的母亲对将他们共同的女儿嫁给谁做出抉择，然而，如果母亲选择的是监护人，那么该抉择无效，因为我们认为：父亲并没有考虑监护人，正因为如此，他故意让孩子的母亲抉择以便于不将女儿的婚事委托给监护人。

D. 23, 2, 59 保罗:《论被解放自由人的指定》单卷本

元老院的决议规定：监护人不能将受其监护的女被监护人嫁给自己的儿子，或者娶为自己的新娘，这其中也包括孙子在内。

1. De matrimonio

D. 23. 2. 64. 1   Callistratus 2 quaest.

Senatus consulti, quo prohibentur tutores et filii eorum pupillas suas ducere, puto heredem quoque tutoris extraneum sententia adprehendi, cum ideo prohibuerit huiusmodi nuptias, ne pupillae in re familiari circumscribantur ab his, qui rationes eis gestae tutelae reddere compelluntur.

D. 23. 2. 38pr.   Paulus 2 sent.

Si quis officium in aliqua provincia administrat, inde oriundam vel ibi domicilium habentem uxorem ducere non potest, quamvis sponsare non prohibeatur, ita scilicet, ut, si post officium depositum noluerit mulier nuptias contrahere, liceat ˆ libeat ˆ ei hoc facere arris tantummodo redditis quas acceperat.

D. 23. 2. 65. 1   Paulus 7 resp.

Idem eodem. respondit mihi placere, etsi contra mandata contractum sit matrimonium in provincia, tamen post depositum officium, si in eadem voluntate perseverat, iustas nuptias effici: et ideo postea liberos natos ex iusto matrimonio legitimos esse.

D. 23. 2. 49   Marcellus 1 ad l. iul. et pap.

Observandum est, ut inferioris gradus homines ducant uxores eas, quas hi qui altioris dignitatis sunt ducere legibus propter dignitatem prohibentur: at contra antecedentis gradus homines non possunt eas ducere, quas his qui inferioris dignitatis sunt ducere non licet.

D. 23. 2. 42pr.   Modestinus l. S. de ritu nupt.

Semper in coniunctionibus non solum quid liceat considerandum est, sed et quid honestum sit.

D. 23. 2. 62. 1   Papinianus 4 resp.

Mulier liberto viri ac patroni sui mala ratione coniungitur.

1. 婚　姻

D. 23, 2, 64, 1　卡里斯特拉特:《问题集》第 2 卷

我认为,这一禁止[1]甚至还包括监护人的所有继承人,其本旨在于禁止监护人及其儿子娶受监护的女子为妻;因为,对婚姻做出如此限制的目的在于使受监护人的家庭财产不被应当提供监护收支表的人所浪费。

D. 23, 2, 38pr.　保罗:《判决集》第 2 卷

在某一行省执行公务的人不得娶有本省籍贯的女性或者居住在本省的女性为妻,但是这不意味着禁止他们订婚。不过,如果男方离开行省公职后,女方不愿缔结婚姻的,只要她归还所得的订婚赠物,便不再受该订婚的约束。

D. 23, 2, 65, 1　保罗:《解答集》第 7 卷

我认为,在某一行省履行公务的人娶了本省内的女性为妻违反了皇帝的谕令。但是,放弃其公职后,若还同意与这一女性结婚的,婚姻有效。从此所生的子女是有效婚姻的婚生子女。

D. 23, 2, 49　马尔切勒:《尤流斯和帕皮流斯法评注》第 1 卷

应当遵守下列规定:下层的男性可娶社会地位较显赫的人因其高贵身份而被法律禁止娶的女性为妻;反之亦然,社会地位较显赫的男性不能娶连下层的人都不允许娶的女性。

D. 23, 2, 42pr.　莫德斯丁:《婚姻习俗评注》单卷本

在婚姻问题上深思熟虑,不仅具有合法性而且还具有公正性。

D. 23, 2, 62, 1　帕比尼安:《解答集》第 4 卷

一名女性同一名她的丈夫与主人的被解放的男奴结合,这是一种合法的但非理智的行为。

---

① 指 D. 23, 2, 59 提到的元老院决议。——译者

1. De matrimonio

D. 3. 2. 11. 1   Ulpianus 6 ad ed.

Etsi talis sit maritus, quem more maiorum lugeri non oportet, non posse eam nuptum intra legitimum tempus collocari: praetor enim ad id tempus se rettulit, quo vir elugeretur: qui solet elugeri propter turbationem sanguinis.

D. 3. 2. 11. 2   Ulpianus 6 ad ed.

Pomponius eam, quae intra legitimum tempus partum ediderit, putat statim posse nuptiis se collocare: quod verum puto.

1. 3. 3   Consensus

D. 50. 17. 30   Ulpianus 36 ad sab.

Nuptias non concubitus, sed consensus facit.

C. 5. 4. 9   Imperator Probus A. Fortunato

Si vicinis vel aliis scientibus uxorem liberorum procreandorum causa domi habuisti et ex eo matrimonio filia suscepta est, quamvis neque nuptiales tabulae neque ad natam filiam pertinentes factae sunt, non ideo minus veritas matrimonii aut susceptae filiae suam habet potestatem.

C. 5. 4. 13   Imperatores Diocletianus et Maximianus

Neque sine nuptiis instrumenta facta matrimonii ad probationem sunt idonea diversum veritate continente, neque non interpositis instrumentis iure contractum matrimonium irritum est, cum omissa quoque scriptura cetera nuptiarum indicia non sunt irrita.

Diocl. et Maxim. AA. et CC. Onesimo.

D. 3, 2, 11, 1　乌尔比安:《告示评注》第 6 卷

即使一名女子在其丈夫去世后依古人的习惯为他服丧不是必需的，[①] 但是在法定期间内她不能出嫁。因为，裁判官有关为夫服丧期的规定是为了避免血的混合。

D. 3, 2, 11, 2　乌尔比安:《告示评注》第 6 卷

彭波尼 [②] 认为：在法定期间内生了孩子的妇女可以马上结婚。我认为其言之有理。

1.3.3　同意

D. 50, 17, 30　乌尔比安:《萨宾评注》第 36 卷

不仅要有同居而且要有婚意，婚姻方可成立。

C. 5, 4, 9　普罗布斯皇帝致佛尔杜那托

如果邻居们或者其他人知道你有一个为在家中生育孩子的妻子并知道你有一个婚生的女儿，就婚姻及女儿的出生而言，你没有文书，尽管如此，婚姻的存在或者女儿出生的事实本身便使它们具有了效力。

C. 5, 4, 13　戴克里先皇帝和马克西米安皇帝致奥内西莫

有婚姻文书但没有结婚，并不能准确地反映出婚姻的存在，只要事实表明他们并没有真正结婚；当没有婚姻文书时，依法缔结的婚姻依然有效，只要是除了忽视了婚姻文书之外，其他的婚姻要素均有效即可。

---

① 这里指该女性的丈夫不好，以至于其妻在其死后都无需为其服丧。——译者
② 2 世纪法学家。——译者

C. 5. 4. 22   Imperatores Theodosius et Valentinianus

Si donationum ante nuptias vel dotis instrumenta defuerint, pompa etiam aliaque nuptiarum celebritas omittatur, nullus aestimet ob id deesse recte alias inito matrimonio firmitatem vel ex eo natis liberis iura posse legitimorum auferri, inter pares honestate personas nulla lege impediente consortium, quod ipsorum consensu atque amicorum fide firmatur.

Theodos. et Valentin. AA. Hierio pp. ⟨ *a 428 D. X k. Mart. Constantinopoli Felice et Tauro conss.* ⟩

C. 5. 17. 11pr.   Imperator Iustinianus

Iubemus, ut, quicumque mulierem cum voluntate parentium aut, si parentes non habuerit, sua voluntate maritali adfectu in matrimonium acceperit, etiamsi dotalia instrumenta non intercesserint nec dos data fuerit, tamquam si cum instrumentis dotalibus tale matrimonium processisset, firmum coniugium eorum habeatur: non enim dotibus, sed adfectu matrimonia contrahuntur.

Iust. A. Hermogeni mag. off. ⟨ *a 533 D. XV k. Dec. Constantinopoli dn. Iustiniano pp. A. III cons.* ⟩

D. 23. 2. 24   Modestinus 1 reg.

In liberae mulieris consuetudine non concubinatus, sed nuptiae intellegendae sunt, si non corpore quaestum fecerit.

D. 35. 1. 15   Ulpianus 35 ad sab.

Cui fuerit sub hac condicione legatum 'si in familia nupsisset', videtur impleta condicio statim atque ducta est uxor, quamvis nondum in cubiculum mariti venerit. nuptias enim non concubitus, sed consensus facit.

D. 23. 2. 2   Paulus 35 ad ed.

Nuptiae consistere non possunt nisi consentiant omnes, id est qui coeunt quorumque in potestate sunt.

1. 婚　姻

C. 5, 4, 22　狄奥多西皇帝和瓦伦丁尼安皇帝致大区长官依埃里奥

如果没有婚前赠与的文书或者嫁资文书，结婚典礼和其他所有的结婚仪式也未举行，没有人认为一个依法缔结的婚姻会由于这些原因而归于无效，或者可以剥夺该婚姻所生子女作为婚生子女儿享有的权利。因为，任何法律都不会妨碍同等社会地位的人之间的结合，他们之间的结合是基于双方同意和朋友作证而获得效力。

（428 年，于君士坦丁堡，费里奇和塔乌洛执政）

C. 5, 17, 11pr.　优士丁尼皇帝致宫廷总管赫尔莫杰尼

我们命令：任何一名男性经父母同意，或者没有父母时完全按照自己的愿望，只要双方有结婚的意愿，则婚姻有效。尽管嫁资未给付（dare），或者就嫁资未写任何文字依据，但是，在这种情形下如同文件写成一样，婚姻是有效的。因为，婚姻不是通过嫁资而是通过双方结婚的意愿所缔结。

（533 年，于君士坦丁堡，优士丁尼皇帝第 3 次执政）

D. 23, 2, 24　莫德斯丁：《规则集》第 1 卷

与一自由女性建立同居关系，这一关系通常被认为不是姘合（concubinatus）关系，而是婚姻关系，除非她是卖笑女。

D. 35, 1, 15　乌尔比安：《萨宾评注》第 35 卷

给某人遗赠附有下列条件"如果在家中娶亲"，那么，尽管妻子未上丈夫的床，该条件仍被认为是成就了。因为，婚姻不是基于交媾而是基于婚意产生。

D. 23, 2, 2　保罗：《告示评注》第 35 卷

没有婚姻双方及对他们有支配权的人的同意，婚姻不能成立。

1. De matrimonio

D. 23. 2. 25   Modestinus 2 reg.

Filius emancipatus etiam sine consensu patris uxorem ducere potest
et susceptus filius ei heres erit.

D. 23. 2. 9. 1   Ulpianus 26 ad sab.

Is cuius pater ab hostibus captus est, si non intra triennium
revertatur, uxorem ducere potest.

D. 23. 2. 11   Iulianus 62 dig.

Si filius eius qui apud hostes est vel absit ante triennium captivitatis
vel absentiae patris uxorem duxit vel si filia nupserit, puto recte
matrimonium vel nuptias contrahi, dummodo eam filius ducat uxorem vel
filia tali nubat, cuius condicionem certum sit patrem non repudiaturum.

D. 23. 2. 16. 1   Paulus 35 ad ed.

Nepote uxorem ducente et filius consentire debet: neptis vero si
nubat, voluntas et auctoritas avi sufficiet.

D. 23. 2. 19   Marcianus 16 inst.

Capite trigesimo quinto legis iuliae qui liberos quos habent in potestate
iniuria prohibuerint ducere uxores vel nubere, vel qui dotem dare non volunt
ex constitutione divorum severi et antonini, per proconsules praesidesque
provinciarum coguntur in matrimonium collocare et dotare. prohibere autem
videtur et qui condicionem non quaerit.

C. 5. 4. 14   Imperatores Diocletianus et Maximianus

Neque ab initio matrimonium contrahere neque dissociatum
reconciliare quisquam cogi potest. unde intellegis liberam facultatem
contrahendi atque distrahendi matrimonii transferri ad necessitatem non
oportere.

Diocl. et Maxim. AA. et CC. Titio.

1. 婚 姻

D. 23, 2, 25　莫德斯丁:《规则集》第 2 卷

脱离父权的儿子没有父亲的同意可以娶亲,并且他的儿子是他的继承人。

D. 23, 2, 9, 1　乌尔比安:《萨宾评注》第 26 卷

某人的父亲被敌人俘获,若在三年之内未能返回家园,那么,该某人可以娶妻。

D. 23, 2, 11　尤里安:《学说汇纂》第 62 卷

如果某人被敌人俘获,或者失踪,而该人被囚禁或者失踪尚不足三年,他的儿子可以娶妻;若是女儿则可以嫁夫。我认为该婚姻是合法的,只要儿子所娶之妻、女儿所嫁之夫具有的身份是父亲,一定不会拒绝的。

D. 23, 2, 16, 1　保罗:《告示评注》第 35 卷

孙子娶妻,必须经其父亲同意;但如果是孙女出嫁,只要祖父同意和授权即可。

D. 23, 2, 19　马尔西安:《法学阶梯》第 16 卷

依《尤流斯法》[有关婚姻]① 的第 35 章的规定,为父者不法地禁止处于其父权之下的子女的嫁娶,或者为父者不愿根据塞维鲁皇帝和安东尼皇帝的谕令给嫁资,那么,子女有权通过行省总督强迫为父者同意他们缔结婚姻和给予女儿以嫁资。不积极安排女儿婚姻的为父者,也被认为是阻止女儿进行婚嫁。

C. 5, 4, 14　戴克里先皇帝和马克西米安皇帝致提裘斯

任何人既不能被强迫缔结婚姻,也不能被强迫重新恢复一个业已离异的婚姻。因此,你很清楚,不应当使缔结和解除婚姻的自由权变成一项义务。

---

① 方括号内的文字系译者为使译文清晰通畅而增加的内容。——译者

1. De matrimonio

D. 23. 2. 21   Clementius 3 ad l. iul. et pap.

Non cogitur filius familias uxorem ducere.

D. 23. 2. 22   Celsus 15 dig.

Si patre cogente ducit uxorem, quam non duceret, si sui arbitrii esset, contraxit tamen matrimonium, quod inter invitos non contrahitur: maluisse hoc videtur.

D. 23. 2. 28   Marcianus 10 inst.

Invitam libertam uxorem ducere patronus non potest.

D. 23. 2. 29   Ulpianus 3 ad l. iul. et pap.

Quod et Ateius Capito consulatu suo fertur decrevisse. hoc tamen ita observandum est, nisi patronus ideo eam manumisit, ut uxorem eam ducat.

1. 3. 4   De ductione mulieris in domum mariti

D. 23. 2. 5   Pomponius 4 ad sab.

Mulierem absenti per litteras eius vel per nuntium posse nubere placet, si in domum eius deduceretur: eam vero quae abesset ex litteris vel nuntio suo duci a marito non posse: deductione enim opus esse in mariti, non in uxoris domum, quasi in domicilium matrimonii.

D. 23, 2, 21　克勒门斯:《尤流斯和帕皮流斯法评注》第 3 卷

家子不被强迫娶亲。

D. 23, 2, 22　杰尔苏:《学说汇纂》第 15 卷

若是家子基于自由选择不愿娶亲,但是被父亲强制娶妻且最终缔结了婚姻,这一婚姻产生约束力,因为若不同意便不缔结婚姻,上述行为被认为是同意结婚。

D. 23, 2, 28　马尔西安:《法学阶梯》第 10 卷

保护人 ① 不得强娶被解放的女奴为妻。

D. 23, 2, 29　乌尔比安:《尤流斯和帕皮流斯法评注》第 3 卷

上述规定 ② 被认为是阿特尤·凯彼多在他任执政官期间制定的。但是,除非主人为了娶女奴为妻而解放她,上述规定必须被遵循。

1.3.4　在婚姻住所中娶妻

D. 23, 2, 5　彭波尼:《萨宾评注》第 4 卷

如果女方被带到男方家中,缺席的男方将自己同意结婚的意见通过书信或者使者告知女方,女方便可与他结婚。相反,缺席的女方通过书信或者使者表示对婚姻的赞同,不能被丈夫所娶。因为嫁娶必须在作为结婚住所的丈夫家中而不是在妻子家中进行。

---

① 　参见第 5 页注释 ①。——译者
② 　指 D. 23, 2, 28 所述的规定。——译者

1. 3. 5   De effectu matrimonii, de societate
coniugali et de prohibitione donationum inter virum et uxorem

D. 43. 30. 2   Hermogenianus 6 iuris epit.

Immo magis de uxore exhibenda ac ducenda pater, etiam qui filiam in potestate habet, a marito recte convenitur.

D. 1. 9. 1. 1   Ulpianus 62 ad ed.

Consulares autem feminas dicimus consularium uxores: adicit Saturninus etiam matres, quod nec usquam relatum est nec umquam receptum.

D. 47. 10. 11. 7   Ulpianus 57 ad ed.

Quamquam adversus patronum liberto iniuriarum actio non detur, verum marito libertae nomine cum patrono actio competit: maritus enim uxore sua iniuriam passa suo nomine iniuriarum agere videtur. quod et Marcellus admittit. ego autem apud eum notavi non de omni iniuria hoc esse dicendum me putare: levis enim coercitio etiam in nuptam vel convici non impudici dictio cur patrono denegetur? si autem colliberto nupta esset, diceremus omnino iniuriarum marito adversus patronum cessare actionem, et ita multi sentiunt. ex quibus apparet libertos nostros non tantum eas iniurias adversus nos iniuriarum actione exequi non posse, quaecumque fiunt ipsis, sed ne eas quidem, quae eis fiunt, quos eorum interest iniuriam non pati.

1.3.5 结婚的效力、夫妻合伙和夫妻间赠与的禁止

D. 43, 30, 2 赫尔莫杰尼安:《法律概要》第 6 卷

甚至,将处于父权下的女儿置于己处的父亲亦可被女儿的丈夫起诉,以迫使父亲放出他的妻子并将她归还之。

D. 1, 9, 1, 1 乌尔比安:《告示评注》第 62 卷

我们说:我们称前执政官的妻子为前执政官夫人。萨图尔尼诺[①]将执政官的母亲也称为执政官夫人。但是,他的这一观点既未被记载,也未被接受。

D. 47, 10, 11, 7 乌尔比安:《告示评注》第 57 卷

尽管不给解放自由人向保护人提起侵辱之诉(actio iniuriarum)的诉权,但是,给女解放自由人的丈夫以她的名义向保护人提起该诉讼的诉权。因为,当他的妻子遭受侮辱时,他被认为有权以妻子的名义提起侵辱之诉。马尔切勒[②]亦同意这一观点。但是,我在评论马尔切勒的观点时认为:它亦适用于所有的侵辱行为。为什么要断然拒绝保护人给女解放自由人以轻微的惩处或者说一些不涉及她的贞节的话呢?然而,如果她嫁给了一名被同一个保护人解放的自由人,我们要说:丈夫不能对保护人提起侵辱之诉。许多法学家就是这样认为的。通过上述情形可以看出:我们的解放自由人们不仅不能以他们所遭受的侮辱提起侵辱之诉,而且也不能就他们家庭中的人所遭受的侵辱提起诉讼,尽管对这些人所遭受的侵辱给予救济是合法的。

---

① 2 世纪法学家。——译者
② 同上。

1. De matrimonio

D. 1. 5. 19   Celsus 29 dig.

Cum legitimae nuptiae factae sint, patrem liberi sequuntur: volgo quaesitus matrem sequitur.

D. 50. 1. 38. 3   Papirius Iustus 2 de const.

Item rescripserunt mulierem, quamdiu nupta est, incolam eiusdem civitatis videri, cuius maritus eius est, et ibi, unde originem trahit, non cogi muneribus fungi.

D. 24. 1. 51   Pomponius 5 ad q. muc.

Quintus Mucius ait, cum in controversiam venit, unde ad mulierem quid pervenerit, et verius et honestius est quod non demonstratur unde habeat existimari a viro aut qui in potestate eius esset ad eam pervenisse. evitandi autem turpis quaestus gratia circa uxorem hoc videtur Quintus Mucius probasse.

D. 25. 2. 1   Paulus 7 ad sab.

Rerum amotarum iudicium singulare introductum est adversus eam quae uxor fuit, quia non placuit cum ea furti agere posse: quibusdam existimantibus ne quidem furtum eam facere, ut Nerva, Cassio, quia societas vitae quodammodo dominam eam faceret: aliis, ut Sabino et Proculo, furto quidem eam facere, sicut filia patri faciat, sed furti non esse actionem constituto iure, in qua sententia et Iulianus rectissime est.

1. 婚 姻

D. 1, 5, 19　杰尔苏:《学说汇纂》第 29 卷

当婚姻的缔结是合法时，子女们具有父亲的法律地位，非婚生子具有母亲的法律地位。

D. 50, 1, 38, 3　帕皮流斯·尤斯图斯:《敕令评注》第 2 卷

同样，皇帝批复道：一名女性在婚姻存续期间被认为是她丈夫所在城市的居民。因此，她不能被强迫同时承担她的出生地的义务。

D. 24, 1, 51　彭波尼:《库伊特·穆齐评注》第 5 卷

库伊特·穆齐① 说道：就女性从何处获得的财产所引起的争端，在没有证明其财产来源的情况下，应当认为她是从丈夫那里或者是从其他处于丈夫支配权下的人那里得到的，这样既颇符合事实而且是合理的。为了避免在诉讼中对方寻求女性以不道德的方式获得利益，库伊特·穆齐提出的上述原则值得赞同。

D. 25, 2, 1　保罗:《萨宾评注》第 7 卷

返还强占物之诉是针对前妻提起的特别诉讼，因为对妻子提起盗窃之诉被认为是不恰当的。有些人，例如，内尔瓦②、卡修斯认为，对盗窃连想都不要想，因为她同夫君共同生活使她获得了女主人的身份。而其他一些人，例如萨宾和普罗库勒③ 则认为，她能够进行盗窃，如同女儿能够盗窃父亲的东西一样，但是，如同尤里安也赞同的那样，法律不宜规定对她提起盗窃之诉。该观点最有道理。④

---

① 公元前 3 世纪的法学家。——译者

② 1 世纪法学家。——译者

③ 同上。

④ 对这一段请参考 D. 23, 3, 75 和 D. 23, 3, 69, 8 的内容。——译者

1. De matrimonio

D. 34. 1. 16. 3   Scaevola 18 dig.

Qui societatem omnium bonorum suorum cum uxore sua per annos amplius quadraginta habuit, testamento eandem uxorem et nepotem ex filio aequis partibus heredes reliquit et ita cavit: 'item libertis meis, quos vivus manumisi, ea quae praestabam'. quaesitum est, an et qui eo tempore, quo societas inter eos permansit, manumissi ab utrisque et communes liberti facti sunt, ea quae a vivente percipiebant solida ex fideicommisso petere possint. respondit non amplius, quam quod vir pro sua parte praestabat, deberi.

D. 7. 4. 22   Pomponius 6 ad q. muc.

Si mulieri usus domus legatus sit et illa trans mare profecta sit et constituto tempore ad amittendum usum afuerit, maritus vero domo usus fuerit, retinetur nihilo minus usus, quemadmodum si familiam suam in domu reliquisset eaque peregrinaretur. et hoc magis dicendum est, si uxorem in domu reliquerit maritus, cum ipsi marito usus domus legatus sit.

D. 24. 1. 1   Ulpianus 32 ad sab.

Moribus apud nos receptum est, ne inter virum et uxorem donationes valerent. hoc autem receptum est, ne mutuo amore invicem spoliarentur donationibus non temperantes, sed profusa erga se facilitate.

D. 24. 1. 66pr.   Scaevola 9 dig.

Seia Sempronio cum certa die nuptura esset, antequam domum deduceretur tabulaeque dotis signarentur, donavit tot aureos: quaero, an ea donatio rata sit. non attinuisse tempus, an antequam domum deduceretur, donatio facta esset, aut tabularum consignatarum, quae

D. 34, 1, 16, 3　斯凯沃拉:《学说汇纂》第 18 卷

一个人与自己的妻子是四十余年之财产的合伙人（societas），他通过遗嘱将自己的财产份额均等地留给作为继承人的妻子和儿子所生的孙子，并且他这样安排道:"我同样要给那些在我活着的时候被我解脱的解放自由人抚养费，其数额与平时相同。"有人问:如果在他们合伙期间，他们的两个解放奴隶变成了一般解放自由人，那么他们是否能够通过对上述遗产实行遗产信托而获得遗嘱人生前给他们的全部抚养费?答曰:抚养费不应超过丈夫在他拥有的合伙财产的范围内通常给予的份额。

D. 7, 4, 22　彭波尼:《库伊特·穆齐评注》第 6 卷

如果一名女性被遗赠了一个住宅的使用权（usus），而她远走他乡，在规定的丧失使用权的期间内她仍在他乡，但是，她的丈夫在此期间内使用着这个住宅，那么，该使用权继续存在。如果她将自己的家庭留在住宅中而自己远走他乡，亦同样如此。这一原则更多地适用于如果丈夫被遗赠了一个住宅的使用权且他将妻子留在家中的情况。

D. 24, 1, 1　乌尔比安:《萨宾评注》第 32 卷

根据习惯认为，我们夫妻间的赠与无效。这一规定的目的在于使他们的婚姻是基于彼此之间的爱情，并使其财产不因过度赠与或过度慷慨而丧失。

D. 24, 1, 66pr.　斯凯沃拉:《学说汇纂》第 9 卷

在与塞姆普罗尼结婚的日子被确定之后但在举行婚礼及在嫁资文书上签字之前，塞伊娅赠给塞姆普罗尼一笔钱。我问:该赠与是否有效?答曰:在你描述的问题中不涉及时间问题，也就是说，不涉及在婚礼举行之前及嫁资文书被签署之前进行的赠与行

1. De matrimonio

plerumque et post contractum matrimonium fierent, in quaerendo exprimi: itaque nisi ante matrimonium contractum, quod consensu intellegitur, donatio facta esset, non valere.

D. 24. 1. 66. 1   Scaevola 9 dig.

Virgini in hortos deductae ante diem tertium quam ibi nuptiae fierent, cum in separata diaeta ab eo esset, die nuptiarum, priusquam ad eum transiret et priusquam aqua et igni acciperetur, id est nuptiae celebrentur, optulit decem aureos dono: quaesitum est, post nuptias contractas divortio facto an summa donata repeti possit. respondit id, quod ante nuptias donatum proponeretur, non posse de dote deduci.

D. 24. 1. 32. 13   Ulpianus 33 ad sab.

Si mulier et maritus diu seorsum quidem habitaverint, sed honorem invicem matrimonii habebant (quod scimus interdum et inter consulares personas subsecutum), puto donationes non valere, quasi duraverint nuptiae: non enim coitus matrimonium facit, sed maritalis affectio: si tamen donator prior decesserit, tunc donatio valebit.

D. 24. 1. 3. 10   Ulpianus 32 ad sab.

Sciendum autem est ita interdictam inter virum et uxorem donationem, ut ipso iure nihil valeat quod actum est: proinde si corpus sit quod donatur, nec traditio quicquam valet, et si stipulanti promissum sit vel accepto latum, nihil valet: ipso enim iure quae inter virum et uxorem donationis causa geruntur, nullius momenti sunt.

D. 24. 1. 5pr.   Ulpianus 32 ad sab.

Si sponsus sponsae donaturus tradiderit Titio, ut is sponsae daret, deinde Titius tradiderit post nuptias secutas: si quidem eum interposuerit maritus, donationem non valere, quae post contractas nuptias perficiatur:

为；在大多数情况下，嫁资文书的签署是于婚后进行的，但是，它涉及婚前进行赠与的意愿。因此，如果赠与的意愿与结婚无关，该赠与有效。

D. 24, 1, 66, 1　斯凯沃拉：《学说汇纂》第 9 卷

在结婚日的前三天，一名男子将自己的未婚妻带到小别墅中，在一间不是举行婚礼的房间里给了她十块金币，此事亦发生在被流放之前。问题是：在结婚后出现了离婚，丈夫是否能够重新要回赠与的金币？答曰：婚前赠与不能从嫁资中扣除。

D. 24, 1, 32, 13　乌尔比安：《萨宾评注》第 33 卷

如果妻子同丈夫分居了很长时间，但是，他们彼此遵守着婚约（我们知道有时这发生在执政官阶层）。我认为：在该婚姻期间内所为的赠与无效。因为，事实上婚姻是继续存在着的，交媾并不构成婚姻，夫妻间的婚意方构成婚姻。但是，如果赠与者先去世，该赠与有效。

D. 24, 1, 3, 10　乌尔比安：《萨宾评注》第 32 卷

但是要明白，夫妻间的赠与之所以被禁止，是要使违反这一规定的赠与行为无法律效力。因此，如果一个有体物是夫妻间赠与的，则这一交付无论如何没有法律效力；如果达成了要式口约或者如果有承诺赠与债务的口约亦无效。这是因为夫妻间的赠与行为无任何法律效力。

D. 24, 1, 5pr.　乌尔比安：《萨宾评注》第 32 卷

如果未婚夫想将赠给未婚妻的物品委托提裘斯转交给她，提裘斯的交付是在婚礼举行之后。那么，如果丈夫将提裘斯作为居间人，则该赠与无效，因为这是在婚礼之后进行的。但

1. De matrimonio

si vero mulier eum interposuerit, iamdudum perfectam donationem, hoc est ante nuptias, atque ideo quamvis contractis nuptiis Titius tradiderit, donationem valere.

D. 24. 1. 5. 8   Ulpianus 32 ad sab.

Concessa donatio est sepulturae causa: nam sepulturae causa locum marito ab uxore vel contra posse donari constat et si quidem intulerit, faciet locum religiosum. hoc autem ex eo venit, quod definiri solet eam demum donationem impediri solere, quae et donantem pauperiorem et accipientem faciet locupletiorem: porro hic non videtur fieri locupletior in ea re quam religioni dicavit. nec movit quemquam, quod emeret, nisi a marito accepisset: nam etsi pauperior ea fieret, nisi maritus dedisset, non tamen idcirco fit locupletior, quod non expendit.

D. 24. 1. 31. 8   Pomponius 14 ad sab.

Si vir uxori munus immodicum calendis Martiis aut natali die dedisset, donatio est: sed si impensas, quas faceret mulier, quo honestius se tueretur, contra est.

D. 24. 1. 9. 2   Ulpianus 32 ad sab.

Inter virum et uxorem mortis causa donationes receptae sunt.

D. 24. 1. 10   Gaius 11 ad ed. provinc.

Quia in hoc tempus excurrit donationis eventus, quo vir et uxor esse desinunt.

D. 24. 1. 11pr.   Ulpianus 32 ad sab.

Sed interim res non statim fiunt eius cui donatae sunt, sed tunc demum, cum mors insecuta est: medio igitur tempore dominium remanet apud eum qui donavit.

是，如果妻子让提裘斯作为自己的居间人，即使交付是在婚礼之后，也被认为赠与行为在婚礼之前已完成，该赠与仍然有效。

D. 24, 1, 5, 8　乌尔比安:《萨宾评注》第 32 卷

夫妻之间的墓地赠与是被允许的。因为墓地可以由丈夫赠给妻子或是由妻子赠给丈夫，况且如果它被放入了遗体就成为了安魂地。事实上，这一原理源于避免赠与者变成穷人而受赠者变成富人。在这种情况下，受赠人的财产不增加，因为该地变成了安魂地。妻子从他人处购买而不是从丈夫处得到安魂地这并不重要。事实上，丈夫没有赠与给她，她会因此变得贫穷，但同时也不因她得到赠与后未花费而变得富有。

D. 24, 1, 31, 8　彭波尼:《萨宾评注》第 14 卷

如果丈夫在 3 月 1 日[①]或者在妻子生日这天赠给了她一个重要的礼物，这是一种赠与［因而被禁止］。但是，如果为妻子支付的是用以符合道德品德的要求所需的费用，这不是赠与。

D. 24, 1, 9, 2　乌尔比安:《萨宾评注》第 32 卷

夫妻间的死因赠与是被允许的。

D. 24, 1, 10　盖尤斯:《行省告示评注》第 11 卷

因为赠与的效果在夫妻关系终止时方显示出来。

D. 24, 1, 11pr.　乌尔比安:《萨宾评注》第 32 卷

但是，在赠与人去世之前，赠与的物品不马上为受赠人所有，仅在赠与人去世时财产所有权才归于受赠人。因而，在赠与人去世之前的期间内所有权属于赠与人。

---

① 在古罗马时代的历法中，3 月 1 日是当时的元旦。在这天人们通常要相互赠送礼物。——译者

1. De matrimonio

D. 24. 1. 32pr.   Ulpianus 33 ad sab.

Cum hic status esset donationum inter virum et uxorem, quem antea rettulimus, imperator noster Antoninus Augustus ante excessum divi Severi patris sui oratione in senatu habita auctor fuit senatui censendi Fulvio Aemiliano et Nummio Albino consulibus, ut aliquid laxaret ex iuris rigore.

D. 24. 1. 32. 1   Ulpianus 33 ad sab.

Oratio autem imperatoris nostri de confirmandis donationibus non solum ad ea pertinet, quae nomine uxoris a viro comparata sunt, sed ad omnes donationes inter virum et uxorem factas, ut et ipso iure res fiant eius cui donatae sunt et obligatio sit civilis et de Falcidia ubi possit locum habere tractandum sit: cui locum ita fore opinor, quasi testamento sit confirmatum quod donatum est.

D. 24. 1. 32. 2   Ulpianus 33 ad sab.

Ait oratio: 'fas esse eum quidem qui donavit paenitere: heredem vero eripere forsitan adversus voluntatem supremam eius qui donaverit durum et avarum esse.'

D. 41. 2. 1. 4   Paulus 54 ad ed.

Si vir uxori cedat possessione donationis causa, plerique putant possidere eam, quoniam res facti infirmari iure civili non potest: et quid attinet dicere non possidere mulierem, cum maritus, ubi noluit possidere, protinus amiserit possessionem?

D. 43. 16. 1. 10   Ulpianus 69 ad ed.

Denique et si maritus uxori donavit eaque deiecta sit, poterit interdicto uti: non tamen si colonus.

D. 24, 1, 32pr.　乌尔比安:《萨宾评注》第33卷

对前面提到的夫妻间赠与,我们的安东尼·卡拉卡拉皇帝在他的父亲塞维鲁皇帝去世之前,在执政官佛尔威佑·埃米里亚诺和努米佑·阿尔比诺执政期间内于元老院发表的演讲中做出了规定将该法律的严格性略加宽松的规定。

D. 24, 1, 32, 1　乌尔比安:《萨宾评注》第33卷

我们的皇帝在论述赞同赠与的演讲中,不仅涉及了丈夫以妻子名义购买的物品,而且还涉及了夫妻间的全部赠与,其目的在于有法律依据地使这些物品变成受赠人的财产,并根据市民法的规定,要有赠与债务而且要考虑其是否适用《法尔其丢斯法》的规定。我认为应适用该法律,这就如同通过遗嘱确认赠与一样。

D. 24, 1, 32, 2　乌尔比安:《萨宾评注》第32卷

演讲谈道:"赠与人的后悔是正当情况。但是,违反遗嘱人最终的赠与愿望而剥夺继承人的继承财产是过分严格的不合公道的事情。"

D. 41, 2, 1, 4　保罗:《告示评注》第54卷

如果丈夫为赠与的目的把对财产的占有转让给妻子,许多法学家们认为她有权占有该物,因为,市民法不能废除一个既存事实。既然丈夫不想拥有该占有,他便立刻丧失该占有,为什么要说妻子不占有它呢?

D. 43, 16, 1, 10　乌尔比安:《告示评注》第69卷

如果丈夫赠给妻子某物,而有人阻止她接近该物。她能够使用防止暴力之令状。但是,如果她的丈夫是一名佃农则不发生上述情形。

1. 4　De devortio et de repudio
(D. 23. 2 ; D. 24. 2 ; D. 45. 1 ; D. 48. 5 ; D. 49. 15 ; D. 50. 16 ; C. 5. 9/17)

1. 4. 1　De solutione matrimonii

D. 24. 2. 1　Paulus 35 ad ed.

Dirimitur matrimonium divortio morte captivitate vel alia contingente servitute utrius eorum.

1. 4. 2　De solutione mortis causa et de secundis nuptiis

C. 5. 9. 3pr.　Imperatores Gratianus Valentinianus et Theodosius

Feminae, quae susceptis ex priore matrimonio filiis ad secundas post tempus luctui statutum transierint nuptias, quidquid ex facultatibus priorum maritorum sponsalium iure, quidquid etiam nuptiarum sollemnitate perceperint, aut quidquid mortis causa donationibus factis aut testamenti iure directo aut fideicommissi vel legati titulo vel cuiuslibet munificae liberalitatis praemio ex bonis, ut dictum est, priorum maritorum fuerint adsecutae, id totum, ita ut perceperint, integrum ad filios, quos ex praecedente coniugio habuerint, transmittant vel ad quemlibet ex filiis (dummodo ex his tantum, quos tali successione dignissimos iudicamus), in quem contemplatione meritorum liberalitatis suae iudicium mater crediderit dirigendum.

1.4　关于离婚和弃夫弃妻
（D. 23, 2；D. 24, 2；D. 45, 1；D. 48, 5；
D. 49, 15；D. 50, 16；C. 5, 9/17）

1.4.1　婚姻的一般解除

D. 24, 2, 1　保罗：《告示评注》第 35 卷

婚姻基于离婚、死亡、[因战争]被俘或配偶中的一人发生被奴役的情况而解除。

1.4.2　因死亡解除婚姻和第二次婚姻

C. 5, 9, 3pr.　瓦伦丁尼安皇帝和狄奥多西皇帝致大区长官佛洛罗

在第一个婚姻中生有子女的女性（在规定的服丧期之后）再婚，无论是基于订婚权还是基于婚礼享有的从第一个婚姻中获得的全部的财产，无论是根据既存的死因赠与还是直接依遗嘱，无论是以遗产信托的名义还是以遗赠的名义或是以其他任何希望用的名义，正如我们上面已说过的那样，她从第一个婚姻中获得的所有财产均全部转移给第一个婚姻所生的子女，或者转给该女性认为值得获得遗产的子女中的任何一个人（只要他是我们认为值得参与继承的人即可）。

1. De matrimonio

Grat. Valentin. et Theodos. AAA. Floro pp. ⟨ *a 382 D. XV k. Ian.*

Constantinopoli Antonio et Syagrio conss. ⟩

1. 4. 3　De solutione captivitatis causa

D. 49. 15. 12. 4　Tryphonus 4 disp.

Sed captivi uxor, tametsi maxime velit et in domo eius sit, non tamen in matrimonio est.

D. 49. 15. 14. 1　Pomponius 3 ad sab.

Non ut pater filium, ita uxorem maritus iure postliminii recipit: sed consensu redintegratur matrimonium.

D. 24. 2. 6　Iulianus 62 dig.

Uxores eorum, qui in hostium potestate pervenerunt, possunt videri nuptarum locum retinere eo solo, quod alii temere nubere non possunt. et generaliter definiendum est, donec certum est maritum vivere in captivitate constitutum, nullam habere licentiam uxores eorum migrare ad aliud matrimonium, nisi mallent ipsae mulieres causam repudii praestare. sin autem in incerto est, an vivus apud hostes teneatur vel morte praeventus, tunc, si quinquennium a tempore captivitatis excesserit, licentiam habet mulier ad alias migrare nuptias, ita tamen, ut bona gratia dissolutum videatur pristinum matrimonium et unusquisque suum ius habeat imminutum: eodem iure et in marito in civitate degente et uxore captiva observando.

C. 5. 17. 1　Imperator Alexander Severus

Matrimonium quidem deportatione vel aqua et igni interdictione non solvitur, si casus, in quem maritus incidit, non mutet uxoris

1. 婚 姻

（382 年，于君士坦丁堡，安东尼皇帝和斯亚格流斯皇帝执政）

1.4.3 因被奴役解除婚姻

D. 49, 15, 12, 4 特里芬尼:《争辩集》第 4 卷

虽然一个被敌人俘虏的人的妻子非常希望婚姻继续存在，并且事实上，她仍继续留在了他的家中，但婚姻依然要终止。

D. 49, 15, 14, 1 彭波尼:《萨宾评注》第 3 卷

并非像父亲根据复境权对儿子恢复父权一样，丈夫与妻子是基于婚意而使婚姻得以恢复。

D. 24, 2, 6 尤里安:《学说汇纂》第 62 卷

被敌人俘获之人的妻子可以被认为保留出嫁者的社会地位，因为她们不能贸然地再嫁他人。这一规定的一般性内容是：丈夫处于被俘状态时，如果妻子本人不愿意提出离婚诉讼，则她没有权利再嫁他人。但是，如果丈夫在敌人那里生死状态不明，自他被俘获时起超过五年，妻子有权再嫁他人。不过，第一个婚姻视同基于双方协议解除，这样，可使每个人都保有其完整的再婚权利。这一规定同样适用于丈夫是自由的而妻子被俘的情形。

C. 5, 17, 1 亚历山大·塞维鲁皇帝致阿维迪娅娜

如果丈夫遭到流放和被判处放逐，而妻子保持该婚姻的意志依旧不变，则该婚姻显然不因丈夫遭难而解除。因此，依据法

adfectionem. ideoque dotis actio ipso iure non competit, sed indotatam esse eam, cuius laudandum propositum est, nec ratio aequitatis nec exempla permittunt.

Alex. A. Avitianae. ⟨ *a 229 PP. Non. Nov. Alexandro A. III et Dione conss.* ⟩

1. 4. 4   De devortio: de significatione verborum

D. 24. 2. 2pr.   Gaius 11 ad ed. provinc.

Divortium autem vel a diversitate mentium dictum est vel quia in diversas partes eunt, qui distrahunt matrimonium.

D. 50. 16. 101. 1   Modestinus 9 diff.

'Divortium' inter virum et uxorem fieri dicitur, 'repudium' vero sponsae remitti videtur. quod et in uxoris personam non absurde cadit.

D. 50. 16. 191   Paulus 35 ad ed.

Inter 'divortium' et 'repudium' hoc interest, quod repudiari etiam futurum matrimonium potest, non recte autem sponsa divortisse dicitur, quod divortium ex eo dictum est, quod in diversas partes eunt qui discedunt.

1. 4. 5   De forma et voluntate

D. 24. 2. 2. 1   Gaius 11 ad ed. provinc.

In repudiis autem, id est renuntiatione comprobata sunt haec verba: 'tuas res tibi habeto', item haec: 'tuas res tibi agito'.

D. 48. 5. 44 (43)   Gaius 3 ad l. xii tab.

Si ex lege repudium missum non sit et idcirco mulier adhuc nupta

律，女方无权提起返还嫁资之诉。不过，根据公平原则和过去的判例，允许她使用嫁资，只要她使用嫁资的目的是可嘉的。

（229年，亚历山大皇帝和狄奥皇帝执政）

1.4.4 离婚：含义

D. 24, 2, 2pr.　盖尤斯：《行省告示评注》第11卷

人们所称的离婚（divortium）是指或者由于思想上的差异，或者因为各奔东西致使婚姻解除。

D. 50, 16, 101, 1　莫德斯丁：《区别集》第9卷

"离婚"发生于丈夫和妻子之间。"抛弃"（repudium）被认为是将未婚妻放弃，该词还可被用于妻子且不会因此被认为是荒谬的。

D. 50, 16, 191　保罗：《告示评注》第35卷

"离婚"与"抛弃"的区别是：可以将未来的婚姻抛弃；但是不宜讲与一个未婚妻离了婚。因为离婚是指结婚双方的分离。

1.4.5 形式与意愿

D. 24, 2, 2, 1　盖尤斯：《行省告示评注》第11卷

在弃夫弃妻时，也就是在单方解除婚姻的通知中，要有下列词句："你带着你的物品"；也可以这样写："把你的物品带走。"

D. 48, 5, 44 (43)　盖尤斯：《十二表法评注》第3卷

如果丈夫弃妻不符合法律规定，为此妻子仍被认为是已婚

1. De matrimonio

esse videatur, tamen si quis eam uxorem duxerit, adulter non erit. idque Salvius Iulianus respondit, quia adulterium, inquit, sine dolo malo non committitur: quamquam dicendum, ne is, qui sciret eam ex lege repudiatam non esse, dolo malo committat.

D. 24. 2. 3 Paulus 35 ad ed.

Divortium non est nisi verum, quod animo perpetuam constituendi dissensionem fit. itaque quidquid in calore iracundiae vel fit vel dicitur, non prius ratum est, quam si perseverantia apparuit iudicium animi fuisse: ideoque per calorem misso repudio si brevi reversa uxor est, nec divortisse videtur.

D. 24. 2. 7 Papinianus 1 de adult.

Si paenituit eum, qui libellum tradendum divortii dedit, isque per ignorantiam mutatae voluntatis oblatus est, durare matrimonium dicendum, nisi paenitentia cognita is qui accepit ipse voluit matrimonium dissolvere: tunc enim per eum qui accepit solvitur matrimonium.

D. 23. 2. 33 Marcellus 3 ad l. iul. et pap.

Plerique opinantur, cum eadem mulier ad eundem virum revertatur, id matrimonium idem esse: quibus adsentior, si non multo tempore interposito reconciliati fuerint nec inter moras aut illa alii nupserit aut hic aliam duxerit, maxime si nec dotem vir reddiderit.

C. 5. 17. 5. 1 Imperatores Diocletianus et Maximianus

Invitam autem ad maritum redire nulla iuris praecepit constitutio.

Diocl. et Maxim, AA. Scyrioni ⟨ *a 294 D. V k. Sept. Nicomediae CC. conss.* ⟩

D. 24. 2. 4 Ulpianus 26 ad sab.

Iulianus libro octavo decimo digestorum quaerit, an furiosa

者。如果另一个人要娶她为妻，不因此产生通奸。萨尔维·尤里安是这样回答的：因为通奸仅基于恶意产生。需要说明的是：要对第二个娶她为妻的男子是否知道她不是被合法地抛弃进行了解，以此来判断他是否有恶意。

D. 24, 2, 3 保罗：《告示评注》第 35 卷

如果离婚的双方没有真正要永远分开的想法，这不是离婚。因此，在没有坚定地表达离婚意愿之前，仅在偶然情形下或者在发火的气头上讲离婚并没有法律效力。在发火的气头上提出弃妻，如果妻子在短时间内回归，这不被认为是离婚。

D. 24, 2, 7 帕比尼安：《通奸评注》第 1 卷

如果收到离婚文书的一方对另一方签署了离婚文书后又反悔的情况一无所知，此时婚姻有效，除非收到离婚文书的一方了解对方翻悔的情况还同意离婚，婚姻依收到文书一方的意愿被解除。

D. 23, 2, 33 马尔切勒：《尤流斯和帕皮流斯法评注》第 3 卷

许多法学家们认为：当同一个妻子返回到同一个丈夫身边时，婚姻是同一个婚姻。如果丈夫与妻子没有间隔很长时间就和解的话，并且在此期间没有另嫁他人或另娶其他女子，尤其是如果不存在丈夫返还嫁资的情况下，我赞成这一观点。

C. 5, 17, 5, 1 戴克里先皇帝和马克西米安皇帝致西里奥努斯

妻子违反自己的意愿而返回丈夫的家中，这在法律上是没有规定的。

（294 年，于尼克梅地亚城，上述皇帝执政）

D. 24, 2, 4 乌尔比安：《萨宾评注》第 26 卷

尤里安在《学说汇纂》第 18 卷中提出了一个问题：女精神病者是否能够要求弃夫或者被丈夫遗弃。尤里安写道：女精神病者

1. De matrimonio

repudium mittere vel repudiari possit. et scribit furiosam repudiari posse, quia ignorantis loco habetur: repudiare autem non posse neque ipsam propter dementiam neque curatorem eius, patrem tamen eius nuntium mittere posse. quod non tractaret de repudio, nisi constaret retineri matrimonium: quae sententia mihi videtur vera.

1. 4. 6   De causis

C. 5. 17. 8pr.   Imperatores Theodosius et Valentinianus

Consensu licita matrimonia posse contrahi, contracta non nisi misso repudio solvi praecipimus. solutionem etenim matrimonii difficiliorem debere esse favor imperat liberorum.

Theodos. et Valentin. AA. Hormisdae pp. ⟨ *a 449 D. V id. Ian. Pro-togene et Asterio conss.* ⟩

D. 24. 2. 8   Papinianus 2 de adult.

Divus Hadrianus eum, qui alienam uxorem ex itinere domum suam duxisset et inde marito eius repudium misisset, in triennium relegavit.

C. 5. 17. 9   Imperator Anastasius

Si constante matrimonio communi consensu tam mariti quam mulieris repudium sit missum, quo nulla causa continetur, quae consultissimae constitutioni divae memoriae Theodosii et Valentiniani inserta est, licebit mulieri non quinquennium expectare, sed post annum ad secundas nuptias convolare.

Anastas. A. Theodoro. ⟨ *a 497 D. XV k. Mart. Anastasio A. II cons.* ⟩

可以被丈夫遗弃，因为她被认为是一个没有理智的人。相反，无论是女精神病者本人还是其保佐人都不能提出弃夫，但是，她的父亲可以派出使者。因为既然她不能就婚姻的存续表示意愿，也就不可能对弃夫问题做出意思表示。我认为这个看法是正确的。

1.4.6　原因

C. 5, 17, 8pr.　狄奥多西皇帝和瓦伦丁尼安皇帝致大区长官奥尔米斯达

我们规定婚姻可以依简单的赞同而缔结，但是，在没有寄出离婚文书的情形下，该婚姻不能解除。因为照顾子女的义务迫使我们解除婚姻相当困难。

（449 年，执政官布洛多杰内和阿斯特里奥执政）

D. 24, 2, 8　乌尔比安：《通奸评注》第 2 卷

哈德良皇帝规定，一个男人把在大街上遇见的他人之妻带入自己家中，而后他向她的丈夫发出一离婚文书，那么他将被判处流放三年。

C. 5, 17, 9　阿那斯塔修斯皇帝致台狄奥多罗

于婚姻存在期间内，在丈夫和妻子有合意的情况下，提出离婚但未包括至尊皇帝狄奥多西和瓦伦丁尼安的法令所规定的理由，妇女可以合法地不等待五年，仅在一年之后便可缔结第二个婚姻。

（497 年，阿那斯塔修斯皇帝第 2 次执政）

1. De matrimonio

C. 5. 17. 10   Imperator Iustinianus

In causis iam dudum specialiter definitis, ex quibus recte mittuntur repudia, illam addimus, ut, si maritus uxori ab initio matrimonii usque ad duos continuos annos computandos coire minime propter naturalem imbecillitatem valeat, possit mulier vel eius parentes sine periculo dotis amittendae repudium marito mittere, ita tamen, ut ante nuptias donatio eidem marito servetur.

Iust. A. Menae pp. ⟨ *a 528 D. III id. Dec. dn. Iustiniano A. pp. Ii cons.* ⟩

C. 5. 17. 11. 2   Imperator Iustinianus

Inter culpas autem uxoris constitutionibus enumeratas et has addimus, si forte uxor sua ope vel ex industria abortum fecerit, vel ita luxuriosa est, ut commune lavacrum viris libidinis causa habere audeat, vel, dum est in matrimonio, alium maritum fieri sibi conata fuerit.

Iust. A. Hermogeni Magistro offciorum ⟨ *a 533 D. XV k. Dec. Constantinopoli dn. Iustiniano pp. A. III cons.* ⟩

1. 4. 7   De sanctionibus

D. 45. 1. 19   Pomponius 15 ad sab.

Si stipulatio facta fuerit: 'si culpa tua divortium factum fuerit, dari?', nulla stipulatio est, quia contenti esse debemus poenis legum comprehensis: nisi si et stipulatio tantundem habeat poenae, quanta lege sit comprehensa.

C. 5, 17, 10　优士丁尼皇帝致大区长官梅纳

对已规定的理由，我们补充下列内容：如果婚姻自开始已持续了二年，丈夫因天生阳痿而不能与妻子结合，她或者她的父亲可以向她的丈夫提出离婚且不丧失嫁资。但是，结婚以前的赠品要留在丈夫处。

（528 年，优士丁尼皇帝执政）

C. 5, 17, 11, 2　优士丁尼皇帝致宫廷总管埃尔莫杰内·马吉斯德罗

在法令中所列举的女性的过错（culpa）中，我们补充下列过错：妻子或者故意流产，或者因为淫欲而与男人们在公共浴场沐浴，或者在婚姻存续期间另找一个丈夫。

（533 年，于君士坦丁堡，优士丁尼皇帝第 3 次执政。）

1. 4. 7　罚金

D. 45, 1, 19　彭波尼：《萨宾评注》第 15 卷

如果缔结了这样一个要式口约："如果因为你的过错而离婚，你允诺给这笔罚金吗？"这一要式口约无效。因为，我们不能以要式口约替代法律规定的处罚，除非要式口约所约定的罚金就是法律规定的罚金。

1. 5   De dote

(D. 10. 2 ; D. 17. 2 ; D. 23. 3/5 ; D. 24.3 ;
D. 25. 1 ; D. 50. 1/16 ; C. 5. 11/12/13)

1. 5. 1   De dote et eius constitutione

D. 23. 3. 1   Paulus 14 ad sab.

Dotis causa perpetua est, et cum voto eius qui dat ita contrahitur, ut semper apud maritum sit.

D. 23. 3. 2   Paulus 60 ad ed.

Rei publicae interest mulieres dotes salvas habere, propter quas nubere possunt.

D. 23. 3. 3   Ulpianus 63 ad ed.

Dotis appellatio non refertur ad ea matrimonia, quae consistere non possunt: neque enim dos sine matrimonio esse potest. ubicumque igitur matrimonii nomen non est, nec dos est.

D. 23. 3. 56. 1   Paulus 6 ad plaut.

Ibi dos esse debet, ubi onera matrimonii sunt.

D. 23. 3. 7pr.   Ulpianus 31 ad sab.

Dotis fructum ad maritum pertinere debere aequitas suggerit: cum enim ipse onera matrimonii subeat, aequum est eum etiam fructus percipere.

D. 23. 3. 7. 1   Ulpianus 31 ad sab.

Si fructus constante matrimonio percepti sint, dotis non erunt:

1.5 嫁资

（D. 10, 2；D. 17, 2；D. 23, 3/5；D. 24, 3；
D. 25, 1；D. 50, 1/16；C. 5, 11/12/13）

1.5.1 嫁资及其构成

D. 23, 3, 1 保罗：《萨宾评注》第 14 卷

嫁资的理由是永恒的：嫁资是根据它永远受丈夫支配的愿望而设置。

D. 23, 3, 2 保罗：《告示评注》第 60 卷

女性要有完整的嫁资方能结婚是符合国家利益的。

D. 23, 3, 3 乌尔比安：《告示评注》第 63 卷

婚姻不能成立，嫁资一词不会存在于未成立的婚姻中，因为没有婚姻也就不可能有嫁资。因而，无论何处，没有婚姻一词，也就不会有嫁资一词。

D. 23, 3, 56, 1 保罗：《普劳提评注》第 6 卷

那时，哪里有婚姻的重荷，哪里就有嫁资。

D. 23, 3, 7pr. 乌尔比安：《萨宾评注》第 31 卷

出于公正的考虑，应当由丈夫享有嫁资的孳息，因为是他本人承担婚姻的重荷，他本人获得嫁资的孳息是公平的。

D. 23, 3, 7, 1 乌尔比安：《萨宾评注》第 31 卷

如果嫁资的孳息是在婚姻存续期间得到的，该孳息不属于嫁

si vero ante nuptias percepti fuerint, in dotem convertuntur, nisi forte aliquid inter maritum futurum et destinatam uxorem convenit: tunc enim quasi donatione facta fructus non redduntur.

D. 23. 3. 5pr.   Ulpianus 31 ad sab.

Profecticia dos est, quae a patre vel parente profecta est de bonis vel facto eius.

D. 23. 3. 5. 9   Ulpianus 31 ad sab.

Si quis certam quantitatem patri donaverit ita, ut hanc pro filia daret, non esse dotem profecticiam Iulianus libro septimo decimo digestorum scripsit: obstrictus est enim ut det aut, si non dederit, condictione tenetur. hoc et in matre iuris esse ait, si forte sub ea condicione uxor marito det, ut pro filia genero in dotem daret, nec videri uxorem marito donasse rectissime ergo ait, ut non sit interdicta donatio iure civili: non enim ad hoc dedit, ut ipse habeat, sed ut genero pro filia expendat: denique si non dederit, condictione tenetur. esse igitur dotem istam adventiciam Iulianus ait: et ita utimur.

D. 23. 3. 9. 2   Ulpianus 31 ad sab.

Dotis autem causa data accipere debemus ea, quae in dotem dantur.

D. 23. 3. 7. 3   Ulpianus 31 ad sab.

Si res in dote dentur, puto in bonis mariti fieri accessionemque temporis marito ex persona mulieris concedendam. fiunt autem res mariti, si constante matrimonio in dotem dentur. quid ergo, si ante matrimonium? si quidem sic dedit mulier, ut statim eius fiant, efficiuntur: enimvero si hac condicione dedit, ut tunc efficiantur, cum nupserit, sine dubio dicemus tunc eius fieri, cum nuptiae fuerint secutae. proinde si forte nuptiae non sequantur nuntio remisso, si quidem sic dedit mulier,

资；但如果是在婚礼前获得的孳息，则该孳息变成了嫁资，除非将要结婚的双方之间有特别协议。因为孳息如同获得的赠与物一样，是不退还的。

D. 23, 3, 5pr. 乌尔比安:《萨宾评注》第31卷

嫁资设置的方式是：父亲或者祖父准备好财产或实施某一行为。

D. 23, 3, 5, 9 乌尔比安:《萨宾评注》第31卷

如果某人将一定数额的财产赠给父亲，其所附的条件是：该财物是父亲给女儿的。尤里安在《学说汇纂》第17卷中写道：这样的财物不是嫁资的组成部分。因为父亲负有给付义务，如果他没有交给女儿，则他将被提起返还之诉。尤里安认为这一法律原则也适用于母亲。如果她赠给丈夫的财物附有的条件是：该财物作为给女儿的嫁资要交给女婿。这不被认为是市民法所禁止的妻子给丈夫的赠与，因为，妻子给丈夫的财物不是给丈夫本人，而是通过丈夫将作为女儿嫁资的财物交给女婿。为此，如果他没有交给女婿，则要对其提起返还之诉。因而，尤里安称这种嫁资是非父予嫁资，我们赞成这一主张。

D. 23, 3, 9, 2 乌尔比安:《萨宾评注》第31卷

我们应当将嫁资之物理解为以嫁资为由而给予的物。

D. 23, 3, 7, 3 乌尔比安:《萨宾评注》第31卷

如果给予的财物属于嫁资，我认为它是丈夫财产中的一部分，丈夫[占有财产]的时间应从妻子占有时起算。此外，在婚姻存续期间内给予的嫁资财物归丈夫所有。因此，我们考虑：如果是在结婚之前给予嫁资财物会发生什么情况呢？如果未婚妻给嫁资财物时有马上归未婚夫所有的意愿，该财物便马上归他所有；如果相反，当附有从她成为他的妻子时起该财物马上归丈夫

ut statim viri res fiant, condicere eas debebit misso nuntio: enimvero si sic dedit, ut secutis nuptiis incipiant esse, nuntio remisso statim eas vindicabit. sed ante nuntium remissum si vindicabit, exceptio poterit nocere vindicanti aut doli aut in factum: doti enim destinata non debebunt vindicari.

D. 23. 3. 25   Paulus 7 ad sab.

Si ei nuptura mulier, qui Stichum debebat, ita cum eo pacta est: 'pro Sticho, quem mihi debes, decem tibi doti erunt', secundum id quod placuit rem pro re solvi posse et liberatio contingit et decem in dotem erunt, quia et permutatio dotium conventione fieri potest.

D. 23. 3. 21   Ulpianus 35 ad sab.

Stipulationem, quae propter causam dotis fiat, constat habere in se condicionem hanc 'si nuptiae fuerint secutae', et ita demum ex ea agi posse (quamvis non sit expressa condicio), si nuptiae, constat: quare si nuntius remittatur, defecisse condicio stipulationis videtur.

D. 23. 3. 30   Paulus 7 ad sab.

Dotem, quae in prius matrimonium data est, non aliter converti in posterius matrimonium dicendum est, quam cum hoc agitur: dum hoc agi semper interpretemur, nisi probetur aliud convenisse.

D. 23. 3. 10pr.   Ulpianus 34 ad sab.

Plerumque interest viri res non esse aestimatas idcirco, ne periculum rerum ad eum pertineat, maxime si animalia in dotem acceperit vel vestem, qua mulier utitur: eveniet enim, si aestimata sit et eam mulier adtrivit, ut nihilo minus maritus aestimationem eorum

所有时，无疑，一旦结婚，该财物即归丈夫所有。但是，如果一方通知婚姻不成立，当未婚妻附有财物马上归丈夫所有的条件时，在婚姻被通知不成立后，她能够提起返还之诉。当然，如果未婚妻附有在结婚后财物归于丈夫的条件，当婚姻被通知不成立时，她可以马上提起确认产权之诉。但是，在通知婚姻不成立之前，如果她提起确认产权之诉则可对她提起欺诈抗辩或者事实抗辩。因为被指定的嫁资之物不应当返还。

D. 23, 3, 25　保罗：《萨宾评注》第 7 卷

如果一名女子同一位应给付她奴隶斯提库斯的债务人结婚，她同他达成约定："你不必给我斯提库斯，我将其折价为 10 元钱作为嫁资。"根据最值得赞同的观点，为了履行债务，某物可以代替债务标的，这样，债务便消灭，并且 10 元钱也是嫁资中的一部分。因为，债务标的可以通过嫁资约定进行交换。

D. 23, 3, 21　乌尔比安：《萨宾评注》第 35 卷

大家公认的是，因嫁资而订立的要式口约暗含［尽管未明示的］下列条件：只要婚姻成立。因此，如果婚姻成立，基于上述条件可以提起诉讼，这也是大家公认的。但是，如果婚姻不成立，则上述条件未成就。

D. 23, 3, 30　保罗：《萨宾评注》第 7 卷

第一个婚姻期间内所给付的嫁资，不变成第二个婚姻的嫁资，除非第二个婚姻已成立。如果不能证明婚姻当事人另有安排，人们总是这样解释这一问题。

D. 23, 3, 10pr.　乌尔比安：《萨宾评注》第 34 卷

通常嫁资物品没有被估价是符合丈夫利益的，这使得他避免承担该物所面临的风险。特别是如果获得的嫁资是牲畜，或者是供妻子用的衣服，因为如果嫁资物品被估价后，妻子将该物品消

praestet. quotiens igitur non aestimatae res in dotem dantur, et meliores et deteriores mulieri fiunt.

D. 23. 3. 10. 1   Ulpianus 34 ad sab.

Si praediis inaestimatis aliquid accessit, hoc ad compendium mulieris pertinet: si aliquid decessit, mulieris damnum est.

D. 23. 3. 10. 2   Ulpianus 34 ad sab.

Si servi subolem ediderunt, mariti lucrum non est.

D. 23. 3. 10. 3   Ulpianus 34 ad sab.

Sed fetus dotalium pecorum ad maritum pertinent, quia fructibus computantur, sic tamen, ut suppleri proprietatem prius oporteat et summissis in locum mortuorum capitum ex adgnatis residuum in fructum maritus habeat, quia fructus dotis ad eum pertineat.

D. 23. 3. 10. 4   Ulpianus 34 ad sab.

Si ante matrimonium aestimatae res dotales sunt, haec aestimatio quasi sub condicione est: namque hanc habet condicionem 'si matrimonium fuerit secutum'. secutis igitur nuptiis aestimatio rerum perficitur et fit vera venditio.

D. 23. 3. 10. 5   Ulpianus 34 ad sab.

Inde quaeri potest, si ante nuptias mancipia aestimata deperierint, an mulieris damnum sit, et hoc consequens est dicere: nam cum sit condicionalis venditio, pendente autem condicione mors contingens exstinguat venditionem, consequens est dicere mulieri perisse, quia nondum erat impleta venditio, quia aestimatio venditio est.

D. 23. 3. 17. 1   Paulus 7 ad sab.

Si re aestimata data nuptiae secutae non sint, videndum est, quid repeti debeat, utrum res an aestimatio. sed id agi videtur, ut ita demum

费掉，丈夫要按估价归还该物品的金额。每当所给付的嫁资物品没有被估价时，该物品的增减均归妻子。

D. 23, 3, 10, 1　乌尔比安：《萨宾评注》第 34 卷

如果在未经估价的嫁资田宅上产生了添附物，该添附物属于妻子所有。如果田宅上的东西减少，则属于妻子的损失。

D. 23, 3, 10, 2　乌尔比安：《萨宾评注》第 34 卷

如果被作为嫁资的奴隶有了子女，作为收益的该子女不属于丈夫所有。

D. 23, 3, 10, 3　乌尔比安：《萨宾评注》第 34 卷

但是，嫁资中牲畜的孳息归丈夫所有，因为它们包括在孳息的范围内。然而，他首先应当充实财产，用新生牲畜补充动物的死亡头数，剩余牲畜的孳息属于丈夫，因为嫁资的孳息归丈夫所有。

D. 23, 3, 10, 4　乌尔比安：《萨宾评注》第 34 卷

如果在婚姻之前，嫁资之物经过估价，这种估价应附的条件是"只要婚姻成立"。一旦婚姻成立，嫁资之物的估价所附条件成就，则该物变成真正的买卖之物。

D. 23, 3, 10, 5　乌尔比安：《萨宾评注》第 34 卷

随即有人会问：如果在婚礼举行之前，被估价的奴隶死亡，这一损失是归女方还是归男方？有一种说法是合乎逻辑的：有一个附加条件的出售，在条件未成就时发生奴隶的死亡，出售被取消，损失归女方，因为出售尚未开始。被估价的物品是要被出售的物品。

D. 23, 3, 17, 1　保罗：《萨宾评注》第 7 卷

如果婚礼未举行而嫁资物品已被估价，那么应当返还的是什么，是物品还是估价金额？但是似乎还应考虑一个问题，因为对

1. De matrimonio

aestimatio rata sit, si nuptiae sequantur, quia nec alia causa contrahendi fuerit, res igitur repeti debeat, non pretium.

D. 23. 3. 69. 7 Papinianus 4 resp.

Cum res in dotem aestimatas soluto matrimonio reddi placuit, summa declaratur, non venditio contrahitur: ideoque rebus evictis, si mulier bona fide eas dederit, nulla est actio viro: alioquin de dolo tenetur.

D. 50. 16. 125 Proculus 5 epist.

Nepos Proculo suo salutem. Ab eo, qui ita dotem promisit: 'cum commodum erit, dotis filiae meae tibi erunt aurei centum', putasne protinus nuptiis factis dotem peti posse? quid si ita promisisset: 'cum potuero, doti erunt?' quod si aliquam vim habeat posterior obligatio, 'possit' verbum quomodo interpretaris, utrum aere alieno deducto an extante? Proculus: cum dotem quis ita promisit: 'cum potuero, doti tibi erunt centum', existimo ad id quod actum est interpretationem redigendam esse: nam qui ambigue loquitur, id loquitur, quod ex his quae significantur sensit. propius est tamen, ut hoc eum sensisse existimem 'deducto aere alieno potero'. potest etiam illa accipi significatio 'cum salva dignitate mea potero' : quae interpretatio eo magis accipienda est, si ita promissum est 'cum commodum erit', hoc est 'cum sine incommodo meo potero'.

C. 5. 11. 3 Imperator Gordianus

Si, cum ea quae tibi matrimonio copulata est nuberet, is cuius meministi dotem tibi non addita quantitate, sed quodcumque arbitratus fuisset pro ea daturum se rite promisit et interpositae stipulationis fidem non exhibet, competentibus actionibus usus ad repromissi emolumentum iure iudiciorum perveniens: videtur enim boni viri arbitrium stipulationi

嫁资物品进行估价恰恰是为了举行婚礼而不是为了其他。因此，应返还的是物品而不是估价金额。

D. 23, 3, 69, 7　帕比尼安:《解答集》第4卷

如果嫁资之物被估价，随着婚姻的解除，应将其返还给妻子，在这种情况下要申明数额，且不能订立出售契约。因此，如果嫁资之物有瑕疵（evictio）而妻子是善意给付，则丈夫没有任何诉权，否则妻子要被提起欺诈之诉。

D. 50, 16, 125　普罗库勒:《书信集》第5卷

内波斯写了一封信问候普罗库勒，并曰:"某人这样就嫁资做出允诺:'当我获得收益时，你将获得作为我女儿的嫁资的100个金币。'你是否认为在婚姻成立后，被允诺者可以要求获得嫁资？如果某人这样允诺:'当我能够做到时，该嫁资将是你的。'如果该允诺是有效的，那么将以什么样的词句来解释'能够做到'呢？是否存在着债务扣除？"普罗库勒答曰:"如果一个人这样就嫁资做出允诺:'当我能够时，你将获得作为嫁资的100个金币'，我认为应解释为他想做到那件事，因为当一个人说得模棱两可时，可以认为他说的内容就是他想要做的事。更确切地说，我认为，'我能够时'应被理解为在扣除债务后即可以履行允诺。上述词句还可以这样理解:'只要能够维护我的尊严'，如果某人以下列词句对嫁资进行允诺:'当我获得收益时'，在这种情况下，将它理解为'当对我没有不利时'要更为恰当些。"

C. 5, 11, 3　高尔迪安皇帝致克劳丢斯

你说当你娶了未婚妻为妻子后，要给你嫁资字据的人没有确定嫁资的数额，但是，他合法地允诺将他安排好的嫁资物都给你，并且未提出缔结要式口约。你可通过提起适当的诉讼，通过审判来获得被允诺的嫁资。因为可以推断:要式口约包含着公正

1. De matrimonio

insertum esse.

> Gord. A. Claudio. 〈 *a 240 PP. k. Ian. Sabino et Venusto conss.* 〉

C. 5. 11. 1　Imperator Alexander Severus

Frustra existimas actionem tibi competere, quasi promissa dos tibi nec praestita sit, cum neque species ulla nec quantitas promissa sit, sed hactenus nuptiali instrumento adscriptum, quod ea quae nubebat dotem dare promiserit.

> Alex. A. Claudio. 〈 *a 231 PP. k. Aug. Pompeiano et Peligno conss.* 〉

D. 23. 3. 69. 4　Papinianus 4 resp.

Gener a socero dotem arbitratu soceri certo die dari non demonstrata re vel quantitate stipulatus fuerat: arbitrio quoque detracto stipulationem valere placuit, nec videri simile, quod fundo non demonstrato nullum esse legatum vel stipulationem fundi constaret, cum inter modum constituendae dotis et corpus ignotum differentia magna sit: dotis etenim quantitas pro modo facultatium patris et dignitate mariti constitui potest.

C. 5. 12. 1pr.　Imperatores Severus et Antoninus

Evicta re, quae fuerat in dotem data, si pollicitatio vel promissio fuerit interposita, gener contra socerum vel mulierem seu heredes eorum condictione vel ex stipulatione agere potest.

> Sev. et Ant. AA. Nicephoro. 〈 *a 201 PP. k. Aug. Muciano et Fabiano conss.* 〉

1. 5. 2　De dote constante matrimonio

D. 23. 3. 75　Tryphonus 6 disp.

Quamvis in bonis mariti dos sit, mulieris tamen est, et merito

人士的决定。

（240 年，萨宾和维努斯托执政）

C. 5, 11, 1　亚历山大·塞维鲁皇帝致克劳丢斯

你认为你被允诺了嫁资但是未给付予你，那么你便享有了诉权，这种理解是错误的。因为，该允诺既未确定嫁资物的种类，也未确定嫁资物的数额，仅仅是在文书中写道，你娶了那个女子将允诺给你嫁资。

（231 年，彭贝亚诺和贝利纽执政）

D. 23, 3, 69, 4　帕比尼安：《解答集》第 4 卷

女婿自岳父处得到一个有关嫁资的要式口约称，在某一确定的日子里，根据岳父自己的决定将给女婿一笔嫁资。但是，该要式口约未说明物品名称或者数量。我认为该要式口约有效，但要删除有关岳父决定的那部分。这种情况不同于一个以未确定化的田宅作为标的的遗赠或者要式口约。因为，在确定的嫁资数额和未确定的田宅之间有着很大的差异。嫁资的数量可以根据父亲的财产和丈夫的社会地位来确定。

C. 5, 12, 1pr.　塞维鲁皇帝和安东尼皇帝致尼切佛洛

如果既未做出允诺也未做出许诺，在嫁资之物成为被追索之物并且它亦是要式口约的标的时，女婿对岳父，或者丈夫对妻子或她的继承人可提起要求返还之诉或者要式口约之诉。

（201 年，穆齐安和法比安执政）

1.5.2　婚姻期间的嫁资

D. 23, 3, 75　特里芬尼：《争辩集》第 6 卷

尽管嫁资是丈夫财产的一部分，但从一定意义上讲也属于妻

placuit, ut, si in dotem fundum inaestimatum dedit, cuius nomine
duplae stipulatione cautum habuit, isque marito evictus sit, statim eam
ex stipulatione agere posse. porro cuius interest non esse evictum quod
in dote fuit quodque ipsa evictionem pati creditur ob id, quod eum in
dotem habere desiit, huius etiam constante matrimonio, quamvis apud
maritum dominium sit, emolumenti potestatem esse creditur, cuius etiam
matrimonii onera maritus sustinet.

D. 23. 3. 78pr.　Tryphonus 11 disp.

Cum in fundo mariti habens mulier usum fructum dotis causa eum
marito dedit, quamvis ab ea usus fructus decesserit, maritus tamen non
usum fructum habet, sed suo fundo quasi dominus utitur, consecutus
per dotem plenam fundi proprietatem, non separatam usu fructu, nec
est, quod non utendo maritus amittat. divortio autem facto constituet in
eodem fundo usum fructum mulieri. quod si in matrimonio decesserit
uxor, nihil emolumenti ob dotem habere videtur maritus, quia et si
uxorem eam non duxisset, fructuariae morte finitus usus fructus ad
proprietatem rediret: ideoque nec in funus confert mulieris.

D. 50. 1. 21. 4　Paulus 1 resp.

Idem respondit constante matrimonio dotem in bonis mariti esse:
sed et si ad munera municipalia a certo modo substantiae vocentur,
dotem non debere computari.

D. 23. 3. 26　Modestinus 1 reg.

Ita constante matrimonio permutari dotem posse dicimus, si hoc
mulieri utile sit, si ex pecunia in rem aut ex re in pecuniam: idque
probatum est.

子。[①] 因此有理由认为，如果交付未估价的嫁资田宅，妻子为此订立了双倍返还要式口约，当第三人向丈夫追索该田宅时，妻子依契约可立即提起诉讼。显然嫁资不被追索符合妻子的利益，因为当某物因瑕疵而不再是嫁资之物时，即使婚姻存在，受害者也被认为是妻子。无论如何，嫁资［田宅］的所有权属于丈夫，因为丈夫是用嫁资来承担婚姻的重荷。但是妻子因失去田宅作为嫁资亦遭受了损失。

D. 23, 3, 78pr.　特里芬尼：《辩论集》第 11 卷

当一名女子对交给未来丈夫的全部田宅享有用益权时，尽管结婚之后将这一权利作为嫁资交给丈夫，但是丈夫不仅享有用益权，而且享有田宅的所有权，这源于妻子对嫁资田宅的所有权，即使他不行使之，也不意味着丧失之。离婚时，妻子对田宅的用益权将恢复。如果妻子在婚姻存续期间去世，则不认为丈夫从嫁资中获得了利益。因为如果他没有同该女子结婚，伴随着田宅女用益权人的去世，用益权回归于所有权中，因此，用于妻子的葬礼花费也不应由丈夫承担。

D. 50, 1, 21, 4　保罗：《解答集》第 1 卷

保罗[②] 答道：在婚姻存续期间，嫁资属于丈夫的财产。但是，若他有市政职务并为此要对其财产进行估价时，嫁资不在其内。

D. 23, 3, 26　莫德斯丁：《规则集》第 1 卷

我们认为，在婚姻存续期间，如果有利于妻子的话，嫁资可以调换，从金钱换成物品，或者从物品换成金钱。这是可以被接受的。

---

① 因为在下面的例子中讲到妻子被赋予诉权，该诉权的赋予实际上表明妻子对嫁资的所有权。——译者

② 3 世纪法学家。——译者

1. De matrimonio

D. 23. 3. 54 Gaius ad ed. de praediator.

Res, quae ex dotali pecunia comparatae sunt, dotales esse videntur.

D. 23. 3. 17pr. Paulus 7 ad sab.

In rebus dotalibus virum praestare oportet tam dolum quam culpam, quia causa sua dotem accipit: sed etiam diligentiam praestabit, quam in suis rebus exhibet.

D. 23. 3. 42 Gaius 11 ad ed. provinc.

Res in dotem datae, quae pondere numero mensura constant, mariti periculo sunt, quia in hoc dantur, ut eas maritus ad arbitrium suum distrahat et quandoque soluto matrimonio eiusdem generis et qualitatis alias restituat vel ipse vel heres eius.

D. 23. 3. 69. 8 Papinianus 4 resp.

In dotem rebus aestimatis et traditis, quamvis eas mulier in usu habeat, viri dominium factum videretur.

D. 23. 3. 56. 3 Paulus 6 ad plaut.

Quod dicitur necessarias impensas ipso iure dotem minuere, non eo pertinet, ut, si forte fundus in dote sit, desinat aliqua ex parte dotalis esse, sed, nisi impensa reddatur, aut pars fundi aut totus retineatur. sed si tantum in fundum dotalem impensum sit per partes, quanti fundus est, desinere eum dotalem esse Scaevola noster dicebat, nisi mulier sponte marito intra annum impensas obtulerit. si pecunia et fundus in dote sint et necessariae impensae in fundum factae, Nerva ait dotem pecuniariam minui. quid ergo si mulier impensas marito solverit, utrum crescet dos

D. 23, 3, 54 盖尤斯:《论内事裁判官告示:关于作为担保交给公共机构的田宅购买者》

用嫁资之金钱购买的物品,被认为是嫁资财产。

D. 23, 3, 17pr. 保罗:《萨宾评注》第 7 卷

对于嫁资之物的损失,无论是诈欺还是过错,丈夫都应当承担责任,因为丈夫是为自己的利益接受女方嫁资的。不过,丈夫也要像管理己物一样用心地管理嫁资。

D. 23, 3, 42 盖尤斯:《行省告示评注》第 11 卷

可称量计数的嫁资物品使丈夫面临着风险,因为丈夫依自己的意志将其处分掉,但在该婚姻瓦解时,或是他本人,或是他的继承人只能以同种类和质量的物品进行返还。

D. 23, 3, 69, 8 帕比尼安:《解答集》第 4 卷

无论如何,妻子对嫁资中已被估价和被交付的物品有使用的权利,丈夫则显然有所有权。

D. 23, 3, 56, 3 保罗:《普劳提评注》第 6 卷

有人认为:合法的嫁资必要支出要减少嫁资的价值,这个原则不适用于诸如嫁资田宅中已不具有嫁资性质的部分,但是,如果支出的费用不归还,丈夫可以扣留嫁资田宅的全部或部分。然而,如果嫁资田宅的支出仅仅是其价值的一部分,我们的斯凯沃拉①说过:"除非在支出的一年之内,妻子自愿将该支出归还给丈夫,这部分田宅不再是嫁资。"如果嫁资由金钱和田宅构成,并且需为田宅支出必要的费用,内尔瓦说:所减少的是嫁资金钱。如果妻子将丈夫支付的费用归还给丈夫,是增加嫁资还是恢复过去已有的价值?我们的斯凯沃拉有关嫁资田宅的解决办法显然是

① 2 世纪法学家。——译者

1. De matrimonio

an ex integro data videbitur? cuius rei manifestior iniquitas in fundo
est secundum Scaevolae nostri sententiam: nam si desinit dotalis esse,
poterit alienari: rursus quemadmodum poterit fieri dotalis data pecunia?
an iam pecunia in dote esse videbitur? et magis est, ut ager in causam
dotis revertatur, sed interim alienatio fundi inhibeatur.

D. 23. 5. 3. 1   Paulus 36 ad ed.

Totiens autem non potest alienari fundus, quotiens mulieri actio de
dote competit aut omnimodo competitura est.

D. 23. 5. 5   Ulpianus 2 de omn. trib.

Iulianus libro sexto decimo digestorum scripsit neque servitutes
fundo debitas posse maritum remittere neque ei alias imponere.

D. 23. 5. 1pr.   Paulus 36 ad ed.

Interdum lex iulia de fundo dotali cessat: si ob id, quod maritus
damni infecti non cavebat, missus sit vicinus in possessionem dotalis
praedii, deinde iussus sit possidere: hic enim dominus vicinus fit, quia
haec alienatio non est voluntaria.

C. 5. 13. 1. 15   Imperator Iustinianus

Et cum lex iulia fundi dotalis italici alienationem prohibebat fieri
a marito non consentiente muliere, hypothecam autem nec si mulier
consentiebat, interrogati sumus, si oportet huiusmodi sanctionem non
super italicis tantummodo fundis, sed pro omnibus locum habere.

C. 5. 13. 1. 15a   Imperator Iustinianus

Placet itaque nobis eandem observationem non tantum in italicis
fundis, sed etiam in provincialibus extendi. cum autem hypothecam
etiam ex hac lege donavimus, sufficiens habet remedium mulier, et si
maritus fundum alienare voluerit.

不公正的。事实上，嫁资田宅不再是嫁资，丈夫可以将其出售。那么，田宅已被出售，即使妻子还钱给丈夫，这些田宅怎么能再恢复为嫁资？怎么能将归还的金钱再变成嫁资金钱呢？在这种情况下，较好的解决办法是将田宅恢复为嫁资物，同时应禁止丈夫将其出售。

D. 23, 5, 3, 1　保罗：《告示评注》第 36 卷

当妻子有权或是将要有权提起嫁资之诉时，所涉田宅不能被出售。

D. 23, 5, 5　乌尔比安：《论各种法庭》第 2 卷

尤里安在《学说汇纂》第 16 卷中写道：丈夫既不能解除对嫁资田宅已设立的役权，也不能设立新的役权。

D. 23, 5, 1pr.　保罗：《告示评注》第 36 卷

《尤流斯法》有关于嫁资田宅的论述，例如，因丈夫未订立关于潜在损失之担保的要式口约，邻居被允许占有嫁资田宅。事实上，邻居通过占有时效变成嫁资田宅的所有人，因为嫁资田宅的所有权不是自愿转让的。

C. 5, 13, 1, 15　优士丁尼皇帝致君士坦丁堡和所有行省的民众

根据《尤流斯法》，禁止丈夫在没有妻子同意的情况下出售意大利半岛的嫁资田宅以及禁止未经妻子同意的抵押。有人对我们提出一个疑问：这一做法是否不仅适用于意大利半岛的而且还适用于所有行省的嫁资田宅？

C. 5, 13, 1, 15a　优士丁尼皇帝致君士坦丁堡和所有行省的民众

我们规定：这一规则不仅适用于意大利半岛的嫁资田宅，而且适用于所有行省的嫁资田宅。因此，根据这项谕令，我们给妻子一个抵押权（hypotheca）以作为丈夫将嫁资田宅出售的补救措施。

1. De matrimonio

C. 5. 13. 1. 15b   Imperator Iustinianus

Sed ne ex consensu mulieris hypothecate eius minuantur, necessarium est et in hac parte mulieribus subvenire hoc tantummodo addito, ut fundum dotalem non solum hypothecae titulo dare nec consentiente muliere maritus possit, sed nec alienare, ne fragilitate naturae suae in repentinam deducatur inopiam.

C. 5. 13. 1. 15c   Imperator Iustinianus

Licet enim Anastasiana lex de consentientibus mulieribus vel suo iuri renuntiantibus loquitur, tamen eam intellegi oportet in res mariti vel dotis quidem, aestimatas autem, in quibus dominium et periculum mariti est: in fundo autem inaestimato, qui et dotalis proprie nuncupatur, maneat ius intactum, ex lege quidem iulia imperfectum, ex nostra autem auctoritate plenum atque in omnibus terris effusum et non tantum italicis et sola hypotheca conclusum.

Iust. A. ad pop. urb. Constantinopolitanae et Universos provinciales. ⟨ *a 530 D. k. Nov. Lampadii et Orestis conss.* ⟩

D. 10. 2. 20. 2   Ulpianus 19 ad ed.

Hoc amplius filius familias heres institutus dotem uxoris suae praecipiet, nec immerito, quia ipse onera matrimonii sustinet. integram igitur dotem praecipiet et cavebit defensum iri coheredes, qui ex stipulatu possunt conveniri. idem et si alius dotem dedit et stipulatus est. nec solum uxoris suae dotem, sed etiam filii sui uxoris, quasi hoc quoque matrimonii onus ad ipsum spectet, quia filii onera et nurus ipse adgnoscere necesse habet. praecipere autem non solum patri datam dotem filium oportere, verum etiam ipsi filio Marcellus scribit, sed filio datam tamdiu, quamdiu peculium patitur vel in rem patris versum sit.

C. 5, 13, 1, 15b　优士丁尼皇帝致君士坦丁堡和所有行省的民众

但是，为了避免因妻子的同意致使抵押权无效，在谕令的该部分内我们要通过下列补充给妻子以救济：丈夫不仅不能未经妻子的同意将嫁资田宅进行抵押，而且也不能出售之。因为要避免丈夫利用妻子的软弱使她迅速地变得贫穷。

C. 5, 13, 1, 15c　优士丁尼皇帝致君士坦丁堡和所有行省的民众

尽管《阿那斯塔修斯法》规定了表示同意或者拒绝行使自己权利的妻子，但是，应当认为该规定涉及到了被估价的丈夫的财物或者被估价的嫁资物。因为，对被估价的物品，丈夫有所有权并且承担风险。然而，就未估价的嫁资田宅而言，妻子对它的权利不能被限制，尽管该权利根据《尤流斯法》是不完善的，但是通过我们的规定使它变得完善且适用于所有的领土而非仅仅适用于意大利半岛，并且它亦不仅是涉及抵押权。

（530年，兰巴蒂和奥莱斯蒂斯执政）

D. 10, 2, 20, 2　乌尔比安:《告示评注》第 19 卷

在多数情况下，被指定为继承人的家子通过先取遗赠（praeceptio legati）获得他的妻子的嫁资。这是正确的，因为他承担着婚姻重荷。因此，他通过先取遗赠取得嫁资，并且亦应对可能被提起要式口约之诉的共同继承人通过要式口约给予保护。如果他人给予的是设立了要式口约的嫁资，适用同样的原则。通过先取遗赠，被指定为继承人的家子不仅可取得他妻子的嫁资，并且当他要承担他儿子的婚姻重荷时还可取得他儿媳的嫁资。因为他有义务承担起儿子和儿媳的婚姻重荷。马尔切勒写道：儿子通过先取遗赠不仅能够获得自己妻子的已交给父亲的嫁资，而且还能获得给他自己的嫁资，但是，这仅限于儿子的特有产或者限于儿子放在家父财产中的特有产的范围内。

1. De matrimonio

D. 17. 2. 65. 16   Paulus 32 ad ed.

Si unus ex sociis maritus sit et distrahatur societas manente matrimonio, dotem maritus praecipere debet, quia apud eum esse debet qui onera sustinet: quod si iam dissoluto matrimonio societas distrahatur, eadem die recipienda est dos, qua et solvi debet.

D. 23. 3. 73. 1   Paulus 2 sent.

Manente matrimonio non perditurae uxori ob has causas dos reddi potest: ut sese suosque alat, ut fundum idoneum emat, ut in exilium vel in insulam relegato parenti praestet alimonia, aut ut egentem virum fratrem sororemve sustineat.

1. 5. 3   De restitutione dotis solutionis matrimonii causa

D. 24. 3. 1   Pomponius 15 ad sab.

Dotium causa semper et ubique praecipua est: nam et publice interest dotes mulieribus conservari, cum dotatas esse feminas ad subolem procreandam replendamque liberis civitatem maxime sit necessarium.

D. 24. 3. 2pr.   Ulpianus 35 ad sab.

Soluto matrimonio solvi mulieri dos debet. nec cogitur maritus alii eam ab initio stipulanti promittere, nisi hoc ei nihil nocet: nam si incommodum aliquod maritus suspectum habet, non debere eum cogi alii quam uxori promittere dicendum est. haec si sui iuris mulier est.

D. 24. 3. 2. 1   Ulpianus 35 ad sab.

Quod si in patris potestate est et dos ab eo profecta sit, ipsius et filiae dos est: denique pater non aliter quam ex voluntate filiae petere

D. 17, 2, 65, 16　保罗:《告示评注》第 32 卷

如果丈夫是合伙人之一,在婚姻存续期间内该合伙解体,丈夫应获得嫁资,因为嫁资要掌握在承担婚姻重荷的人手中。如果婚姻解除后该合伙解体,自丈夫重新获得嫁资时起,该嫁资归还于妻子。

D. 23, 3, 73, 1　保罗:《判决集》第 2 卷

在婚姻期间,嫁资可以因下列原因归还给妻子:为了养活她自己及其子女;为了购买合适的田宅;为了给被流放的和放逐于海岛上的父亲提供食物;为了扶养她与其他男子所生的孩子及她贫穷的兄弟姐妹。

1.5.3　婚姻解除时嫁资的归还

D. 24, 3, 1　彭波尼:《萨宾评注》第 15 卷

嫁资的最主要的理由永远并无论何处都是这一点:保护女性的嫁资符合公共利益,因为将嫁资交给女性用于生育、喂养子女和增加城市人口是非常必要的。

D. 24, 3, 2pr.　乌尔比安:《萨宾评注》第 35 卷

解除婚姻应当将嫁资返还给妻子。但是不推定丈夫能被强迫允诺将嫁资给不是他妻子的人,除非这样做对他归还嫁资没有任何妨碍。因为,如果丈夫怀疑[对妻子的利益]可能造成损害,应不强迫他向不是其妻之人做出许诺。当然,这应当是在她为自权人的情况下。

D. 24, 3, 2, 1　乌尔比安:《萨宾评注》第 35 卷

如果女儿处于父权之下且嫁资是由父亲提供的,则嫁资属于父亲和女儿。父亲不能违背女儿的意愿对嫁资提出返还要求,他

dotem nec per se nec per procuratorem potest. sic ergo et promittendum Sabinus ait. ei ergo promittendum erit, cui uterque iusserit. ceterum si pater solus iussit, dotis actio filiae non erit adempta, quandoque sui iuris filia fuerit facta. item si voluntate solius filiae promittatur, remanebit dotis actio integra patri: sed utrum ut et agat solus an et ut adiuncta quoque filiae persona experiri possit? et puto nec eam actionem amissam, quam adiuncta filiae persona potest habere. quod si sui iuris fuerit facta filia, nocebit ei ista stipulatio.

D. 24. 3. 2. 2   Ulpianus 35 ad sab.

Voluntatem autem filiae, cum pater agit de dote, utrum sic accipimus, ut consentiat an vero ne contradicat filia? et est ab imperatore Antonino rescriptum filiam, nisi evidenter contradicat, videri consentire patri. et Iulianus libro quadragesimo octavo digestorum scripsit quasi ex voluntate filiae videri experiri patrem, si furiosam filiam habeat: nam ubi non potest per dementiam contradicere, consentire quis eam merito credet. sed si absens filia sit, dicendum erit non ex voluntate eius id factum cavendumque ratam rem filiam habituram a patre: ubi enim sapit, scire eam exigimus, ut videatur non contradicere.

D. 24. 3. 31. 2   Iulianus 18 dig.

Si voluntate filiae procurator a patre datus litem de dote contestatus fuerit et re secundum eum iudicata pater decesserit, iudicati actionem filiae potius quam heredibus patris dari oportebit.

D. 24. 3. 22. 12   Ulpianus 33 ad ed.

Transgrediamur nunc ad hunc articulum, ut quaeramus, adversus quos competit de dote actio. et adversus ipsum maritum competere

既不能独自为之，也不能以代理人身份为之。因而，萨宾提出：
[丈夫]也应当以同要式口约一样的方式做出[返还嫁资]的允
诺。因此，在要式口约中要向双方授权的人允诺[返还嫁资]。
如果父亲单独授权，则其女儿将来成为自权人时，依然享有[对
其前夫的]嫁资诉权。同样，在要式口约中基于女儿单独意愿而
欠诺[返还给特定之人]的，父亲完全可提出嫁资之诉。但是，
父亲是单独提起还是与女儿一起提出该诉讼？我认为，父亲与其
女儿一起提出嫁资之诉的诉权依然存在。但是，女儿变为自权
人，则该要式口约不利于其父亲。

D. 24, 3, 2, 2　乌尔比安:《萨宾评注》第 35 卷

当父亲提起嫁资之诉时，我们应当考虑女儿的意愿。我们
如何得知她是同意还是反对？只要她明确表示同意或是不反对即
可。安东尼皇帝曾下谕令曰：如果女儿不公开反对，则认为她同
意父亲的做法。尤里安在《学说汇纂》第 48 卷中写道：如果女
儿是一名精神病人，则父亲提起诉讼被认为是经女儿同意的。因
为当由于精神错乱而不能反对时，每一个人都将有理由地认为她
已同意父亲的起诉。但是，如果女儿缺席，则应该说不是依她的
意愿所为，父亲要保证女儿同意他起诉。当她有判断力时，我们
要求她应是通情达理的，因而她是不反对父亲提起诉讼的。

D. 24, 3, 31, 2　尤里安:《学说汇纂》第 18 卷

如果在被父亲指定的经过女儿同意的代理人完成了嫁资之
诉的争讼阶段且获得了对被代理人有利的判决之后，父亲去世
已决案之诉权应当给女儿而不是给父亲的继承人。

D. 24, 3, 22, 12　乌尔比安:《告示评注》第 33 卷

现在我们谈到这样一个题目，我们将要研究的是：嫁资之诉
要起诉谁？显然是要起诉丈夫。嫁资或者归他自己，或者是根据

1. De matrimonio

palam est, sive ipsi dos data sit sive alii ex voluntate mariti vel subiecto iuri eius vel non subiecto. sed si filius familias sit maritus et dos socero data sit, adversus socerum agetur. plane si filio data sit, si quidem iussu soceri, adhuc absolute socer tenebitur: quod si filio data sit non iussu patris, Sabinus et Cassius responderunt nihilo minus cum patre agi oportere: videri enim ad eum pervenisse dotem, penes quem est peculium: sufficit autem ad id damnandum quod est in peculio vel si quid in rem patris versum est. sin autem socero dotem dederit, cum marito non poterit experiri, nisi patri heres exstiterit.

D. 24. 3. 18. 1   Pomponius 16 ad sab.

Licet in dotalibus rebus non solum dolum, sed et culpam maritus praestet, cum tamen quaeritur in iudicio de dote an facere possit, dolus dumtaxat comprehenditur, quia in rerum ipsius administratione non erat ab eo culpa exigenda. quamquam eum dumtaxat dolum ei nocere putem, si facere non possit, quem propter uxorem adhibuit, ne ei solidum solveret, non propter quemlibet alium. Ofilius autem aiebat, si dolo mariti res dotalis interisset et alioquin solvendo non esset, quamvis nihil dolo fecisset, quo minus solvendo esset, perinde tamen eum damnandum eius rei dotalis nomine in qua dolum fecisset, atque si dolo eius factum esset, quo minus facere possit. ceterum si circa interitum rei dotalis dolus malus et culpa mariti absit, actiones solas, quas eo nomine quasi maritus habet, praestandas mulieri, veluti furti vel damni iniuriae.

D. 24. 3. 12   Ulpianus 36 ad sab.

Maritum in id quod facere potest condemnari exploratum est: sed

他的意志归于他的支配权下的其他人。但是，如果丈夫是家子，且嫁资被交给公公，则起诉告的是公公。无疑，尽管是儿子得到嫁资，然而是通过公公的命令所为，那么，公公要承担全部责任。如果嫁资给儿子并非通过父亲的命令所为，萨宾和卡修斯回答曰：同样要起诉父亲。因为嫁资被认为是在他那里，被纳入了特有产之中。父亲被判决要返还的嫁资不超过特有产的范围，或者不超过被纳入了父亲财产中的特有产之嫁资的范围。不过，当嫁资交给了公公时，如果丈夫不是父亲的继承人，将不得对丈夫起诉。

D. 24, 3, 18, 1　彭波尼:《萨宾评注》第 16 卷

尽管丈夫对嫁资之物不仅承担诈欺责任而且还要承担过错责任，但是当提起嫁资之诉时，我们要确定丈夫是否为了全部返还嫁资之物而超出了其经济能力，在这种情况下，只能考虑承担欺诈责任。因为在丈夫自己的物品管理中，不应当要求其承担过错责任。此外我认为：如果丈夫没有 [全部返还] 的经济能力，则只能承担诈欺责任，他是为了不将嫁资返还给妻子而进行诈欺的。奥菲流斯 [①] 说：如果因为丈夫的诈欺而导致嫁资之物灭失且丈夫没有其他的财产用以偿还嫁资，或者虽然不是因他的诈欺而发生嫁资之物的灭失，造成一无所有并因此而无偿付嫁资能力，并且不能提起 "嫁资之诉"，他应当承担责任。若嫁资之物的丧失不存在丈夫的欺诈或者过错，在这种情况下，如同给丈夫诉权一样，同样要给妻子以对抗造成嫁资丧失的人的诉权，例如，提起盗窃之诉或损害之诉的诉权。

D. 24, 3, 12　乌尔比安:《萨宾评注》第 36 卷

无疑，丈夫可以在其经济能力内承担责任。但是，这种 [照

---

① 公元前 1 世纪法学家。——译者

1. De matrimonio

hoc heredi non esse praestandum.

D. 24. 3. 14. 1 Ulpianus 36 ad sab.

Eleganter quaerit Pomponius libro quinto decimo ex Sabino, si paciscatur maritus, ne in id quod facere possit condemnetur, sed in solidum, an hoc pactum servandum sit? et negat servari oportere, quod quidem et mihi videtur verum: namque contra bonos mores id pactum esse melius est dicere, quippe cum contra receptam reverentiam, quae maritis exhibenda est, id esse apparet.

D. 24. 3. 15. 2 Paulus 7 ad sab.

Socero quoque, cum quo nurus de dote agit, idem honor habetur, ut in id damnetur quod facere potest. •

D. 24. 3. 16 Pomponius 16 ad sab.

Quia parentis locum socer optinet.

D. 24. 3. 15. 1 Paulus 7 ad sab.

Heredi mariti, licet in solidum condemnetur, compensationes tamen, quae ad pecuniariam causam respiciunt, proderunt, ut hoc minus sit obligatus, veluti ob res donatas et amotas et impensas: morum vero coercitionem non habet.

D. 23. 4. 5pr. Paulus 7 ad sab.

Illud convenire non potest, ne de moribus agatur vel plus vel minus exigatur, ne publica coercitio privata pactione tollatur.

D. 25. 1. 5pr. Ulpianus 36 ad sab.

Quod dicitur necessarias impensas dotem minuere, sic erit accipiendum, ut et Pomponius ait, non ut ipsae res corporaliter deminuantur, ut puta fundus vel quodcumque aliud corpus: etenim absurdum est deminutionem corporis fieri propter pecuniam. ceterum

顾] 不应适用于他的继承人。

D. 24, 3, 14, 1　乌尔比安:《萨宾评注》第 36 卷

彭波尼在《萨宾评注》第 15 卷中提出了一个问题:如果妻子与丈夫有约定:在返还嫁资时不以嫁资财产的范围为限而是以他的全部的财产进行返还。是否应当遵守这一约定?彭波尼断言:不能遵守之。我认为这是正确的。因为更准确地说,该约定违反良俗。确实如此,因为它违背了对丈夫们应有的尊重。

D. 24, 3, 15, 2　保罗:《萨宾评注》第 7 卷

对公公亦如此,当儿媳对他提起嫁资之诉时,也要给他上述的照顾,即不可以在他经济能力范围内承担责任。

D. 24, 3, 16　彭波尼:《萨宾评注》第 16 卷

因为公公是处于父亲的位置上。

D. 24, 3, 15, 1　保罗:《萨宾评注》第 7 卷

尽管就丈夫的继承人而言,他们要以所有的嫁资承担责任,但是,可以保留嫁资扣除,该扣除要以金钱计算以减少他们的责任,例如对赠与妻子的物品进行扣除,妻子强占财产所赔偿的金钱和丈夫管理嫁资支出的费用要扣除。但是,继承人不能因她的不良习惯而扣留她的嫁资财产。

D. 23, 4, 5pr.　保罗:《萨宾评注》第 7 卷

不能就嫁资达成下列简约:对妻子的不良习惯不起诉她或者在返还嫁资时或多或少地扣除她的财产。私人简约不能阻却公共约束(ne publica coercitio privata pactione tollatur)。

D. 25, 1, 5pr.　乌尔比安:《萨宾评注》第 36 卷

对必要的支出要减少嫁资这一说法,正如彭波尼也说过的那样,应当这样理解:物品本身不会整体减少,例如田宅或其他任何实物。也就是说,实物因为现金而缩小在逻辑上是荒谬的。相

haec efficiet desinere esse fundum dotalem vel partem eius. manebit igitur maritus in rerum detentationem, donec ei satisfiat: non enim ipso iure corporum, sed dotis fit deminutio. ubi ergo admittimus deminutionem dotis ipso iure fieri? ubi non sunt corpora, sed pecunia: nam in pecunia ratio admittit deminutionem fieri. proinde si aestimata corpora in dotem data sint, ipso iure dos deminuetur per impensas necessarias. hoc de his impensis dictum est, quae in dotem ipsam factae sint: ceterum si extrinsecus, non imminuent dotem.

D. 25. 1. 5. 3   Ulpianus 36 ad sab.

Utiles autem impensae sunt, quas maritus utiliter fecit, remque meliorem uxoris fecerit, hoc est dotem.

D. 25. 1. 6   Paulus 7 ad sab.

Veluti si novelletum in fundo factum sit, aut si in domo pistrinum aut tabernam adiecerit, si servos artes docuerit.

D. 25. 1. 7   Ulpianus 36 ad sab.

Voluptariae autem impensae sunt, quas maritus ad voluptatem fecit et quae species exornant. quarum utiles non quidem minuunt ipso iure dotem, verumtamen habent exactionem.

D. 25. 1. 8   Paulus 7 ad sab.

Utilium nomine ita faciendam deductionem quidam dicunt, si voluntate mulieris factae sint: iniquum enim esse compelli mulierem rem vendere, ut impensas in eam factas solveret, si aliunde solvere non potest: quod summam habet aequitatis rationem.

D. 25. 1. 9   Ulpianus 36 ad sab.

Pro voluptariis impensis, nisi parata sit mulier pati maritum tollentem, exactionem patitur. nam si vult habere mulier, reddere ea quae

反，嫁资田宅或其一部分由丈夫拥有，直至她归还给他管理嫁资支出的费用时为止。事实上，依法减少的不是实物，而是嫁资。那么，我们什么时候可以依法直接地减少嫁资？当不是实物而是金钱时是被允许的。因为金钱的减少是可接受的理由。为此，如果嫁资中的实物被估价，该嫁资依法因必要的支出而直接减少。这里所称的支出是指为管理嫁资所付的支出。但是，如果是与管理嫁资财产无关的支出，则嫁资不减少。

D. 25, 1, 5, 3　乌尔比安:《萨宾评注》第36卷

有益的支出是指丈夫进行的合理的支出及有利于妻子财产即嫁资的花费。

D. 25, 1, 6　保罗:《萨宾评注》第7卷

例如，在田宅中种植了幼树苗，或在家中安装一台磨粉机，或在家中新开了一间店铺，或教奴隶们学一些手艺。

D. 25, 1, 7　乌尔比安:《萨宾评注》第36卷

享乐支出是指丈夫为追求享受及为装饰嫁资物所支出的费用。那些在享乐支出中支付的有益花费不依法直接减少嫁资，但是它作为嫁资扣除而被保留。

D. 25, 1, 8　保罗:《萨宾评注》第7卷

有些人说：如果是根据妻子的意愿支出的花费，应当作为有益的支出而被保留。的确，当妻子不能从其他部分赔偿丈夫的支付而强迫她出售自己的嫁资物是不公平的。总之，这符合最高的公正原则。

D. 25, 1, 9　乌尔比安:《萨宾评注》第36卷

关于享乐支出，除非妻子不愿让丈夫拿回享乐支出的标的物，否则要允许他将这些标的物估价后给予保留。因为，如果妻子希望有这些标的物，就应赔偿给丈夫过去所花费的钱。如果她

1. De matrimonio

impensa sunt debet marito: aut si non vult, pati debet tollentem, si modo recipiant separationem: ceterum si non recipiant, relinquendae sunt: ita enim permittendum est marito auferre ornatum quem posuit, si futurum est eius quod abstulit.

D. 25. 1. 13   Paulus 7 brev.

Neque stipendium neque tributum ob dotalem fundum praestita exigere vir a muliere potest: onus enim fructuum haec impendia sunt.

C. 5. 13. 1pr.   Imperator Iustinianus

Rem in praesenti non minimam adgredimur, sed in omni paene corpore iuris effusam, tam super rei uxoriae actione quam ex stipulatu, earum communiones et differentias resecantes et in unum tramitem ex stipulatu actionis totum rei uxoriae ius, quod dignum esse valere censemus, concludentes.

C. 5. 13. 1. 1   Imperator Justinianus

Rei uxoriae itaque actione sublata sancimus omnes dotes per ex stipulatu actionem exigi, sive scripta fuerit stipulatio sive non, ut intellegatur re ipsa stipulatio esse subsecuta.

Iust. A. ad pop. urb. Constantinopolitanae et Universos provinciales. ⟨ *a 530 D. k. Nov. Lampadii et Orestis conss.* ⟩

1. 6   De bonis paraphernalibus et de donationibus propter nuptias
(D. 23. 3 ; C. 5. 3/14)

1. 6. 1   De bonis paraphernalibus

D. 23. 3. 9. 3   Ulpianus 31 ad sab.

Ceterum si res dentur in ea, quae Graeci παράφερνα dicunt

不希望如此，当这些标的物是可分时，则应允许丈夫将其拿走；相反，如果是不可分时，则丈夫不能拿走。事实上，依上所述，应允许丈夫将装饰嫁资之物的费用拿走，无论是将来拿走还是现在拿走，都是允许的。

D. 25, 1, 13　保罗:《法学纲要》第7卷

从嫁资田宅中支付的房地产税，丈夫不能向妻子索取。因为这些支出是用孳息支付的。

C. 5, 13, 1pr.　优士丁尼皇帝致君士坦丁堡和所有行省的民众

我们看到有一个不小的问题，即分散的几乎涉及法的全部领域的返还嫁资之诉和要式口约之诉。我们要消除两者的共同点和区别点，将有关返还嫁资之诉的法律规定都纳入"要式口约之诉"的法律规定的范围之内。

C. 5, 13, 1, 1　优士丁尼皇帝致君士坦丁堡和所有行省的民众

所以我们要废除"返还嫁资之诉"，我们规定：所有的嫁资都通过"要式口约之诉"进行追索，无论要式口约是有书面证明还是事实上存在着的非书面证明。

（530年，兰巴蒂和奥莱斯蒂斯执政）

1.6　妻子带来的嫁资之外的财产
（D. 23, 3；C. 5. 3/14）

1.6.1　妻子带来的嫁资之外的财产

D. 23, 3, 9, 3　乌尔比安:《萨宾评注》第31卷

此外，如果交付之物是希腊人所称的妻子带来的嫁资之外的

1. De matrimonio

quaeque galli peculium appellant, videamus, an statim efficiuntur mariti. et putem, si sic dentur ut fiant, effici mariti, et cum distractum fuerit matrimonium, non vindicari oportet, sed condici, nec dotis actione peti, ut divus Marcus et imperator noster cum patre rescripserunt. plane si rerum libellus marito detur, ut romae volgo fieri videmus (nam mulier res, quas solet in usu habere in domo mariti neque in dotem dat, in libellum solet conferre eumque libellum marito offerre, ut is subscribat, quasi res acceperit, et velut chirographum eius uxor retinet res quae libello continentur in domum eius se intulisse): hae igitur res an mariti fiant, videamus. et non puto, non quod non ei traduntur (quid enim interest, inferantur volente eo in domum eius an ei tradantur?), sed quia non puto hoc agi inter virum et uxorem, ut dominium ad eum transferatur, sed magis ut certum sit in domum eius illata, ne, si quandoque separatio fiat, negetur: et plerumque custodiam earum maritus repromittit, nisi mulieri commissae sint. videbimus harum rerum nomine, si non reddantur, utrum rerum amotarum an depositi an mandati mulier agere possit. et si custodia marito committitur, depositi vel mandati agi poterit: si minus, agetur rerum amotarum, si animo amoventis maritus eas retineat, aut ad exhibendum, si non amovere eas connisus est.

财产（παράφερνα）和高卢人所说的特有产（peculium），我们考虑：是否马上变成丈夫的财产。我认为：如果妻子有将财产所有权转让给丈夫的想法，则被交付之物就立即变成丈夫的财产，婚姻解除时不能提起要求返还之诉及返还嫁资之诉，但是值得考虑的是，如同马尔库斯皇帝① 和我们的皇帝② 及他的父亲③ 所批复的那样，可以通过请求给付之诉（condictio）提出要求。无疑，如果妻子将物品的清单交了丈夫，如同在罗马城内通常可见的那种情形（通常妻子习惯于将她的带到丈夫家中使用的嫁资之外的财产写成一个清单，该清单被交给丈夫签字，这样便如同他接受了这财产一样。妻子将清单保存好，作为她将这些清单所列的财产带入丈夫家中的证明）。因此，我们要考虑这些财产是否变成了丈夫的财产。我认为不是，这并非因为财产未交付给他（是否根据他的同意将财产带入夫家或提交给丈夫？事实上，这并不重要），而是因为我相信夫妻之间并非通过清单商定将所有权转让给丈夫，他们确定带入丈夫的家中的那些财产的目的是为了在分离时不存在争议。丈夫允诺他保管这些物品。我们考虑，如果这些物品不返还，妻子可以提出寄托（depositum）之诉、委托（mandatum）之诉、返还强占物之诉（res amotarum）中哪一种诉讼。如果委托给丈夫保管，可提起寄托之诉或者委托之诉。相反，如果丈夫未接受保管却将财产强占在己处不归还给妻子，则她可提出返还强占物之诉；如果丈夫没有这种想法，可以提起出示之诉（ad exhibendum）。

---

① 指马尔库斯·奥勒流斯·安东尼努斯（Marcus Aurelius Antonius）皇帝（161—169 年在位）。——译者
② 指安东尼·卡拉卡拉皇帝（211—217 年在位）。——译者
③ 指塞普蒂缪斯·塞维鲁（Septimius Serverus）皇帝（193—211 年在位）。——译者

1. De matrimonio

C. 5. 14. 8   Imperatores Theodosius et Valentinianus

Hac lege decernimus, ut vir in his rebus, quas extra dotem mulier habet, quas graeci parapherna dicunt, nullam uxore prohibente habeat communionem nec aliquam ei necessitatem imponat. quamvis enim bonum erat mulierem, quae se ipsam marito committit, res etiam eiusdem pati arbitrio gubernari, attamen quoniam conditores legum aequitatis convenit esse fautores, nullo modo, ut dictum est, muliere prohibente virum in paraphernis se volumus immiscere.

Theodos. et Valentin. AA. Hormisdae pp. ⟨ *a 450 S. D. V id. Ian. post Consulatum Protogenis et Asterii.* ⟩

1. 6. 2   De donationibus

C. 5. 3. 20. 3   Imperator Iustinianus

Si igitur et nomine et substantia nihil distat a dote ante nuptias donatio, quare non etiam ea simili modo et matrimonio contracto dabitur?

C. 5. 3. 20. 4   Imperator Iustinianus

Sancimus itaque omnes licentiam habere sive priusquam matrimonia contraxerint sive postea donationes mulieribus dare propter dotis dationem, ut non simplices donationes intellegantur, sed propter dotem et propter nuptias factae. simplices etenim donationes non propter nuptias fiunt, sed propter nuptias vetitae sunt: et propter alias causas et libidinem forsitan vel unius partis egestatem, non propter ipsam nuptiarum adfectionem efficiuntur.

Iust. A. Iohanni pp. ⟨ *a. 531–533* ⟩

C. 5, 14, 8　狄奥多西皇帝和瓦伦丁尼安皇帝致大区长官奥尔米斯达

通过这项谕令，我们规定：丈夫对妻子的嫁资之外的财产，也就是希腊人所称的妻子带来的嫁资之外的财产，未经她的同意，没有任何共有权，也无任何权利去处分它。妻子是善良的，妻子既然已把自己交给了丈夫，并把自己的财产交给丈夫支配管理，事情是好的，但是，我们作为立法者，同时也是公平的提倡者，就像刚才说的那样，我们不准许丈夫以任何方式干涉妻子对其带来的嫁资之外的财产行使权利。

（450 年，布鲁托杰内和阿斯特里奥执政末期）

1.6.2　赠与

C. 5, 3, 20, 3　优士丁尼皇帝致大区长官乔万尼

因此，无论是在名称上还是在实物上，既然在婚前赠与和嫁资之间没有任何差异，为什么婚前赠与不能作为嫁资在婚后给予呢？

C. 5, 3, 20, 4　优士丁尼皇帝致大区长官乔万尼

为此，我们规定：无论婚前或者婚后都能够给妻子带有嫁资职能的赠与。不要将它理解为一般赠与，而要将其理解为作为嫁资和在婚姻发生之际的赠与。因为，一般赠与之所以被禁止，并非由于它在婚姻之际发生而恰恰是因为婚姻的出现。一般赠与是基于其他原因发生，例如性欲或者夫妻双方中的一方的贫穷，它不是为了证明婚意。

（531—533 年）

1. 7 De liberis agnoscendis et alendis

(D. 25. 3/4)

1. 7. 1 De liberis natis post devortium

D. 25. 3. 1pr. Ulpianus 34 ad ed.

Senatus consultum, quod factum est de liberis agnoscendis, duas species complectitur, unam eorum qui agnoscunt, aliam earum quae falsum partum subiciunt.

D. 25. 3. 1. 1 Ulpianus 34 ad ed.

Permittit igitur mulieri parentive in cuius potestate est vel ei cui mandatum ab eis est, si se putet praegnatem, denuntiare intra dies triginta post divortium connumerandos ipsi marito vel parenti in cuius potestate est, aut domum denuntiare, si nullius eorum copiam habeat.

D. 25. 3. 1. 2 Ulpianus 34 ad ed.

Domum accipere debemus hospitium, si in civitate maneat: quod si non sit, sed in villa vel in municipio, illic ubi larem matrimonio collocarent.

D. 25. 3. 1. 3 Ulpianus 34 ad ed.

Denuntiare autem hoc tantum esse mulierem ex eo praegnantem. non ergo hoc denuntiat, ut mittat custodes maritus: sufficit enim mulieri hoc notum facere, quod sit praegnas. mariti est iam aut mittere custodes aut ei denuntiare, quod non sit ex se praegnas: hoc autem vel ipsi marito vel alii nomine eius facere permittitur.

1.7　子女的认定和抚养费
（D. 25, 3/4）

1.7.1　离婚后出生的子女

D. 25, 3, 1pr.　乌尔比安:《告示评注》第 34 卷

元老院关于子女认定的决议包括两方面内容：一方面是关于进行认定的人，另一方面是关于伪称分娩的人。

D. 25, 3, 1, 1　乌尔比安:《告示评注》第 34 卷

如果妇女感到自己怀孕了，要允许妇女或当她处于父权之下时由父亲或由他们委托的人，在离婚后的 30 天之内告知前夫或当前夫处于父权之下时告知父亲或在他的家中没有找到上述人士时通知他的家庭。

D. 25, 3, 1, 2　乌尔比安:《告示评注》第 34 卷

如果他们居住在城市中，我们将家理解为住所（domus）。如果不是在城市中，而是在农庄或在乡村里，则我们将家理解为他们结婚之后供奉家神的地方。

D. 25, 3, 1, 3　乌尔比安:《告示评注》第 34 卷

通知被理解为：让前夫知道那位女士已怀有他的孩子。因此，不必通知前夫派出保护者。因为，对妇女而言，告知其怀孕的事即可；相反，前夫的责任是派出保护者或通知她所怀的孩子并不是他的。此事允许前夫亲自所为或由前夫委托的人进行。

1. De matrimonio

D. 25. 3. 1. 4   Ulpianus 34 ad ed.

Poena autem mariti ea est, ut, nisi aut custodes praemiserit aut contra denuntiaverit non esse ex se praegnatem, cogatur maritus partum agnoscere: et, si non agnoverit, extra ordinem coercetur. debebit igitur respondere non esse ex se praegnatem aut nomine eius responderi: quod si factum fuerit, non alias necesse habebit agnoscere, nisi vere filius fuerit.

D. 25. 3. 1. 5   Ulpianus 34 ad ed.

Illud notandum est, quod denuntiatio a marito non incipit, sed a muliere.

D. 25. 3. 1. 6   Ulpianus 34 ad ed.

Sed si maritus ultro custodes offerat et ea non admittat, vel si non denuntiaverit mulier, aut si denuntiaverit quidem, custodes autem arbitrio iudicis non admiserit, liberum est marito parentive eius partum non agnoscere.

D. 25. 3. 1. 7   Ulpianus 34 ad ed.

Si mulier esse se praegnatem intra triginta dies non denuntiaverit, postea denuntians causa cognita audiri debebit.

D. 25. 3. 1. 8   Ulpianus 34 ad ed.

Quin immo et si in totum omiserit denuntiationem, Iulianus ait nihil hoc nocere ei quod editur.

1. 7. 2   De partu agnoscendo et de custodia partus

D. 25. 4. 1pr.   Ulpianus 24 ad ed.

Temporibus divorum fratrum cum hoc incidisset, ut maritus quidem praegnatem mulierem diceret, uxor negaret, consulti Valerio Prisciano

D. 25, 3, 1, 4　乌尔比安:《告示评注》第 34 卷

如果前夫既不派出保护者，也不针对得到的通知发出反告知，即通知她所怀的孩子不是他的，那么他所受到的惩罚是：强迫前夫认定孩子是他的。若不认定之，将被提起特别刑事诉讼。相反，前夫或者他委托的人通知她怀的不是他的孩子，他不被强迫认定之，除非有人证明他是孩子的亲生父亲。

D. 25, 3, 1, 5　乌尔比安:《论告示》第 34 卷

应该指出的是：通知不是首先发自于前夫，而是发自于前妻。

D. 25, 3, 1, 6　乌尔比安:《告示评注》第 34 卷

如果前夫想派出保护者，但是前妻不接受之，或者如果前妻不发出通知，或者如果通知已发出但是前妻拒绝接受裁判官派出的保护者，那么前夫或他的父亲可不认定该孩子。

D. 25, 3, 1, 7　乌尔比安:《告示评注》第 34 卷

如果前妻在 30 天之内没有发出怀孕的通知，而是过后发出的，裁判官在了解所有的情况后要审查她的理由。

D. 25, 3, 1, 8　乌尔比安:《告示评注》第 34 卷

甚至，如果完全忽略了通知一事，尤里安说：这对于问世的孩子没有任何不利。

1. 7. 2　怀孕的证实和胎儿的保护

D. 25, 4, 1pr.　乌尔比安:《告示评注》第 24 卷

在兄弟皇帝①时代发生过这样的情况：前夫说前妻怀了孕，

---

① 指马尔库斯·奥勒流斯·安东尼努斯和鲁求斯·维鲁斯（Lucius Verus）两位皇帝。这两位皇帝于 161—169 年在位。——译者

1. De matrimonio

praetori urbano rescripserunt in haec verba: 'Novam rem desiderare Rutilius Severus videtur, ut uxori, quae ab eo diverterat et se non esse praegnatem profiteatur, custodem apponat, et ideo nemo mirabitur, si nos quoque novum consilium et remedium suggeramus. igitur si perstat in eadem postulatione, commodissimum est eligi honestissimae feminae domum, in qua Domitia veniat, et ibi tres obstetrices probatae et artis et fidei, quae a te adsumptae fuerint, eam inspiciant. et si quidem vel omnes vel duae renuntiaverint praegnatem videri, tunc persuadendum mulieri erit, ut perinde custodem admittat atque si ipsa hoc desiderasset: quod si enixa non fuerit, sciat maritus ad invidiam existimationemque suam pertinere, ut non immerito possit videri captasse hoc ad aliquam mulieris iniuriam. si autem vel omnes vel plures non esse gravidam renuntiaverint, nulla causa custodiendi erit'.

D. 25. 4. 1. 1   Ulpianus 24 ad ed.

Ex hoc rescripto evidentissime apparet senatus consulta de liberis agnoscendis locum non habuisse, si mulier dissimularet se praegnatem vel etiam negaret, nec immerito: partus enim antequam edatur, mulieris portio est vel viscerum. post editum plane partum a muliere iam potest maritus iure suo filium per interdictum desiderare aut exhiberi sibi aut ducere permitti. extra ordinem igitur princeps in causa necessaria subvenit.

D. 25. 4. 1. 2   Ulpianus 24 ad ed.

Secundum quod rescriptum evocari mulier ad praetorem poterit et apud eum interrogari, an se putet praegnatem, cogendaque erit respondere.

D. 25. 4. 1. 3   Ulpianus 24 ad ed.

Quid ergo, si non responderit aut non veniat ad praetorem?

但她却加以否定。为此，两位皇帝在回答内事裁判官瓦列里乌斯·布里夏诺的问题时曰：鲁迪流斯·塞维鲁斯被认为他要求有一个新的法律规定，因为他想派一个保护者到已与他离婚但否认怀有他的孩子的前妻处。因此，当我们再补充一个新的建议和补救措施时，没有人会感到惊异。即：如果多米兹雅坚持自己的想法，一个较好的处理方案是将前妻送到一位品德最好的妇女的家，在那里对她进行检查。三名经过工作能力和诚实考核的助产士在那里对之进行判断和观察。如果全部或两名助产士声明她已怀孕，那么，应当说服前妻接受保护者，就如同她自己要求有保护者一样，但是她要接受派去的保护者。如果她堕胎，前夫应当知道这将损害他的名声，以至于人们能够公正地认为这样做是对前夫的一种侵辱。如果全部或者多数助产士声明没有怀孕，则没有任何派出保护者的理由。

D. 25, 4, 1, 1　乌尔比安：《告示评注》第24卷

从这个非常明确的批复中反映出：元老院关于子女认定的决议不适用于妇女伪称怀孕或者否认怀孕，但是它不无道理。因为孩子出生前是妇女身体的一部分。对于出生后的孩子，前夫通过针对前妻的令状行使其权利，要求她将儿子出示给他或准许把他带走。在这种情形下，皇帝应通过特别的措施给予救济。

D. 25, 4, 1, 2　乌尔比安：《告示评注》第24卷

根据该批复，可以将她唤至裁判官面前质询其是否怀孕，则她有义务回答问题。

D. 25, 4, 1, 3　乌尔比安：《告示评注》第24卷

因而我们提出两个问题：如果她不回答问题或者不来至裁判官面前，我们是否应对其施加元老院决议规定的刑罚，也就是

1. De matrimonio

numquid senatus consulti poenam adhibemus, scilicet ut liceat marito non agnoscere? sed finge non esse eo contentum maritum, qui se patrem potius optet quam carere filio velit. cogenda igitur erit remediis praetoris et in ius venire, si venit, respondere: pignoraque eius capienda et distrahenda, si contemnat, vel multis coercenda.

D. 25. 4. 1. 4   Ulpianus 24 ad ed.

Quid ergo, si interrogata dixerit se praegnatem? ordo senatus consultis expositus sequetur. quod si negaverit, tunc secundum hoc rescriptum praetor debebit obstetrices adhibere.

D. 25. 4. 1. 5   Ulpianus 24 ad ed.

Et notandum, quod non permittitur marito vel mulieri obstetricem adhibere, sed omnes a praetore adhibendae sunt.

D. 25. 4. 1. 6   Ulpianus 24 ad ed.

Item praetor domum honestae matronae eligere debet, in qua mulier veniat, ut possit inspici.

D. 25. 4. 1. 7   Ulpianus 24 ad ed.

Quid ergo, si inspici se non patiatur vel ad domum non veniat? aeque praetoris auctoritas interveniet.

D. 25. 4. 1. 8   Ulpianus 24 ad ed.

Si omnes vel plures renuntiaverint praegnatem non esse, an mulier possit iniuriarum experiri ex hac causa? et magis puto agere eam iniuriarum posse, sic tamen, si iniuriae faciendae causa id maritus desideravit: ceterum si non iniuriae faciendae animo, sed quia iuste credidit vel nimio voto liberorum suscipiendorum ductus est vel ipsa eum illexerat ut crederet, quod constante matrimonio hoc fingebat, aequissimum erit ignosci marito.

说，判定前夫可以不认定这个孩子？但是，假设前夫对此并不满意，他宁愿当父亲也不愿丧失儿子，这就要迫使前妻根据裁判官采取的补救措施来到他的面前，并回答他的质询。如果她轻视这项裁判官的法令，我们可以警告她要将其财产进行抵押或者处以罚金，为的是迫使她来到裁判官面前。

D. 25, 4, 1, 4　乌尔比安:《告示评注》第 24 卷

因此，我们提出了这个问题，如果她回答是怀孕了呢？我们便按照元老院决议的规定去做；如果她否定怀孕，则裁判官依这个批复应给她指定助产士。

D. 25, 4, 1, 5　乌尔比安:《告示评注》第 24 卷

强调指出的是：不允许前夫或前妻指定助产士，只能由裁判官指定助产士。

D. 25, 4, 1, 6　乌尔比安:《告示评注》第 24 卷

同样，裁判官应选择一位品德好的贵妇人的家，使该妇女在那里得以被检查。

D. 25, 4, 1, 7　乌尔比安:《告示评注》第 24 卷

如果她不允许检查或不去品德好的贵妇人的家呢？裁判官同样要对她行使权力。

D. 25, 4, 1, 8　乌尔比安:《告示评注》第 24 卷

有人问，如果全部助产士或者多数助产士声明她没有怀孕，该妇女是否能够对此提出损害之诉？我认为：如果前夫有以这种方式给她带来损害的想法，她能够提起损害之诉。相反，如果他并没有给她造成损害的想法，但因他认为这样做是公正的，或者因为过分渴望有儿子，或者因为在婚姻存续期间她曾伪称自己怀孕，那么，驳回她对前夫的起诉是非常公平的。

1. De matrimonio

D. 25. 4. 1. 9   Ulpianus 24 ad ed.

Meminisse autem oportet tempus non esse praestitutum rescripto, quamvis in senatus consultis de liberis agnoscendis triginta dies praestituantur mulieri. quid ergo? semper dicemus marito licere uxorem ad praetorem evocare, an vero et ipsi triginta dies praestituimus? et putem praetorem causa cognita debere maritum et post triginta dies audire.

D. 25. 4. 1. 10   Ulpianus 24 ad ed.

De inspiciendo ventre custodiendoque partu sic praetor ait: 'Si mulier mortuo marito praegnatem se esse dicet, his ad quos ea res pertinebit procuratorive eorum bis in mense denuntiandum curet, ut mittant, si velint, quae ventrem inspicient. mittantur autem mulieres liberae dumtaxat quinque haeque simul omnes inspiciant, dum ne qua earum dum inspicit invita muliere ventrem tangat. mulier in domu honestissimae feminae pariat, quam ego constituam. mulier ante dies triginta, quam parituram se putat, denuntiet his ad quos ea res pertinet procuratoribusve eorum, ut mittant, si velint, qui ventrem custodiant. in quo conclavi mulier paritura erit, ibi ne plures aditus sint quam unus: si erunt, ex utraque parte tabulis praefigantur. ante ostium eius conclavis liberi tres et tres liberae cum binis comitibus custodiant. quotienscumque ea mulier in id conclave aliudve quod sive in balineum ibit, custodes, si volent, id ante prospiciant et eos qui introierint excutiant. custodes, qui ante conclave positi erunt, si volunt, omnes qui conclave aut domum introierint excutiant. mulier cum parturire incipiat, his ad quos ea res pertinet procuratoribusve eorum denuntiet, ut mittant, quibus praesentibus pariat. mittantur mulieres liberae dumtaxat quinque, ita ut praeter obstetrices duas in eo conclavi ne plures mulieres liberae sint quam decem, ancillae quam sex. hae quae intus futurae erunt excutiantur omnes in eo conclavi,

D. 25, 4, 1, 9　乌尔比安:《告示评注》第 24 卷

应注意,尽管元老院的决议规定要给妇女 30 天的时限,但是,批复并没有限定时间。我们如何理解这个问题?我们考虑依然准许前夫要求前妻去裁判官那里,或者我们也规定给他 30 天的限定?我认为:在 30 天之后,裁判官在了解情况的基础上应接受他的要求。

D. 25, 4, 1, 10　乌尔比安:《告示评注》第 24 卷

关于检查胎儿和护管孩子,裁判官是这样说的:"丈夫死后,如果妻子声明怀有他的孩子,在每一个月内要向涉及的有关人员或他们的委托人发出两次通知。如果他们希望派出一些女士检查胎儿的话,只能派出五名女自由人。她们将共同对胎儿进行检查,以避免她们中的一个人在施行检查时违反怀孕女子的意愿损害胎儿。该妇女要在我指定的一位品德非常好的女性家中分娩。该女性在分娩前的 30 天要通知有关人员或他们的委托人,如果他们愿意,也可以是他们派出的保护者。在女性分娩的房间内只有一个出入口,如果有两个以上的门,则要用木板给封上。房门外要有三名男自由人和三名女自由人带着两名仆从守护。当该女性要进入那个房间或者其他房间或者洗漱间时,保护人员如果愿意,可事先看一下房间并搜查进去的每一个人。在房门外的保护人员如果愿意,可在人们进入该房间或该家之前对其进行严格的盘问。女性阵痛开始时要通知有关人员或者他们的委托人派人到分娩现场。派去的人只能是五名女自由人。这样,除了两名以上的助产士外,房间里有不超过十名的自由人,还有六名照顾她的女仆。但是这些将要进入房间的人要被仔细查询一番以便肯定她们本人不是怀孕者时方可进入房间。房间内要有不少于三盏的油灯,因为黑暗更适宜于虚假分娩。如果有关人员或他们

1. De matrimonio

ne qua praegnas sit. 'tria lumina ne minus ibi sint', scilicet quia tenebrae ad subiciendum aptiores sunt. 'quod natum erit, his ad quos ea res pertinet procuratoribusve eorum, si inspicere volent, ostendatur. apud eum educatur, apud quem parens iusserit. si autem nihil parens iusserit aut is, apud quem voluerit educari, curam non recipiet: apud quem educetur, causa cognita constituam. is apud quem educabitur quod natum erit, quoad trium mensum sit, bis in mense, ex eo tempore quoad sex mensum sit, semel in mense, a sex mensibus quoad anniculus fiat, alternis mensibus, ab anniculo quoad fari possit, semel in sex mensibus ubi volet ostendat. si cui ventrem inspici custodirive adesse partui licitum non erit factumve quid erit, quo minus ea ita fiant, uti supra compprehensum est: ei quod natum erit possessionem causa cognita non dabo. sive quod natum erit, ut supra cautum est, inspici non licuerit, quas utique actiones me daturum polliceor his quibus ex edicto meo bonorum possessio data sit, eas, si mihi iusta causa videbitur esse, ei non dabo'.

D. 25. 4. 1. 11   Ulpianus 24 ad ed.

Quamvis sit manifestissimum edictum praetoris, attamen non est neglegenda interpretatio eius.

D. 25. 4. 1. 12   Ulpianus 24 ad ed.

Denuntiare igitur mulierem oportet his scilicet, quorum interest partum non edi, vel totam habituris hereditatem vel partem eius sive ab intestato sive ex testamento.

D. 25. 4. 1. 15   Ulpianus 24 ad ed.

Quod autem praetor ait causa cognita se possessionem non daturum vel actiones denegaturum, eo pertinet, ut, si per rusticitatem aliquid fuerit omissum ex his quae praetor servari voluit, non obsit partui. quale est enim, si quid ex his, quae leviter observanda praetor edixit, non

的委托人愿意观察一下的话，出生的孩子要展示给他们。孩子由家父指定的人来抚养，如果家父没有任何安排，或者他指定的人不愿意抚养他，我在了解情况之后将指定进行抚养的人。如果有人想看孩子，在孩子出生后的三个月内每月看望两次；从三个月至六个月，若愿意看望，可以每月看望一次；从七个月开始至满一周岁，可以每两个月看望一次，其他时间不行。一周岁至能够讲话，每六个月看望一次。如果有人未经许可而检查胎儿，或者护管之，或者有人违反了上述的规定，我在了解情况之后不让其替孩子占有遗产。当有人违反规定想观察孩子，我在了解情况之后，将通过我的告示不授予其提起遗产占有之诉的权利。”

D. 25, 4, 1, 11　乌尔比安：《告示评注》第 24 卷

虽然裁判官的告示是非常明确的，但是不要忽视了对告示的解释。

D. 25, 4, 1, 12　乌尔比安：《告示评注》第 24 卷

为此，女性通知那些关心孩子未出生的有关人员是必要的。这些人是指或通过非遗嘱继承或通过遗嘱继承而要得到遗产的全部或部分的人。

D. 25, 4, 1, 15　乌尔比安：《告示评注》第 24 卷

当裁判官说他要根据了解的情况不给遗产占有或者诉权时，他有这样的目的：当有人因不谙世事而忽略裁判官的任何规定的严肃性时，不会因此而给孩子造成不利；或者，如果有人没有做该做的事，即没有按裁判官的规定去做，裁判官可拒绝孩子的遗

sit factum, partui denegari bonorum possessionem: sed mos regionis inspiciendus est, et secundum eum et observari ventrem et partum et infantem oportet.

1. 7. 3   De alimentis

D. 25. 3. 4   Paulus 2 sent.

Necare videtur non tantum is qui partum praefocat, sed et is qui abicit et qui alimonia denegat et is qui publicis locis misericordiae causa exponit, quam ipse non habet.

D. 25. 3. 5pr.   Ulpianus 2 de off. cons.

Si quis a liberis ali desideret vel si liberi, ut a parente exhibeantur, iudex de ea re cognoscet.

D. 25. 3. 5. 1   Ulpianus 2 de off. cons.

Sed utrum eos tantum liberos qui sunt in potestate cogatur quis exhibere, an vero etiam emancipatos vel ex alia causa sui iuris constitutos, videndum est. et magis puto, etiamsi non sunt liberi in potestate, alendos a parentibus et vice mutua alere parentes debere.

D. 25. 3. 5. 2   Ulpianus 2 de off. cons.

Utrum autem tantum patrem avumve paternum proavumve paterni avi patrem ceterosque virilis sexus parentes alere cogamur, an vero etiam matrem ceterosque parentes et per illum sexum contingentes cogamur alere, videndum. et magis est, ut utrubique se iudex interponat, quorundam necessitatibus facilius succursurus, quorundam aegritudini: et cum ex aequitate haec res descendat caritateque sanguinis, singulorum desideria perpendere iudicem oportet.

产占有。但是，要考虑到地方的习俗并根据习惯检查胎儿、照顾分娩和抚养孩童。

1.7.3 抚养的义务

D. 25, 3, 4 保罗:《判决集》第 2 卷

窒息新生的孩子和弃孩子于街头拒绝抚养他的人，以及将孩子抛弃于公共场所让他人怜悯的人，都被认为是杀害孩子的人。

D. 25, 3, 5pr. 乌尔比安:《论执政官的职责》第 2 卷

如果某人希望被子女赡养，或者子女希望被父亲抚养，则要有一名裁判官处理这样的案件。

D. 25, 3, 5, 1 乌尔比安:《论执政官的职责》第 2 卷

但是应当仔细查明：需要抚养的子女是处于父权之下的或者尚是解放自由人的子女，或者他们基于其他原因而变成了他权人。我尤其认为：不处于父权之下的子女应当被父亲抚养，相反他们也要赡养父亲。

D. 25, 3, 5, 2 乌尔比安:《论执政官的职责》第 2 卷

应仔细查明：他们必须要赡养的仅仅是父亲，还是宗尊亲属，即曾祖父或是父系中其他男性亲属的父亲，还是母亲和她的亲属及其他外戚。我认为，最为合理的是裁判官的裁决要有利于双方，例如，既满足双方的需求，又能医治双方的疾病。基于衡平和血缘之爱的原则，裁判官要衡平各方的需要。

1. De matrimonio

D. 25. 3. 5. 3   Ulpianus 2 de off. cons.

Idem in liberis quoque exhibendis a parentibus dicendum est.

D. 25. 3. 5. 4   Ulpianus 2 de off. cons.

Ergo et matrem cogemus praesertim volgo quaesitos liberos alere nec non ipsos eam.

D. 25. 3. 5. 5   Ulpianus 2 de off. cons.

Item divus Pius significat, quasi avus quoque maternus alere compellatur.

D. 25. 3. 5. 6   Ulpianus 2 de off. cons.

Idem rescripsit, ut filiam suam pater exhibeat, si constiterit apud iudicium iuste eam procreatam.

D. 25. 3. 5. 7   Ulpianus 2 de off. cons.

Sed si filius possit se exhibere, aestimare iudices debent, ne non debeant ei alimenta decernere. denique idem Pius ita rescripsit: 'Aditi ate competentes iudices ali te a patre tuo iubebunt pro modo facultatium eius, si modo, cum opificem te esse dicas, in ea valetudine es, ut operis sufficere non possis'.

D. 25. 3. 5. 8   Ulpianus 2 de off. cons.

Si vel parens neget filium idcircoque alere se non debere contendat, vel filius neget parentem, summatim iudices oportet super ea re cognoscere, si constiterit filium vel parentem esse, tunc ali iubebunt: ceterum si non constiterit, nec decernent alimenta.

D. 25. 3. 5. 9   Ulpianus 2 de off. cons.

Meminisse autem oportet, etsi pronuntiaverint ali oportere, attamen eam rem praeiudicium non facere veritati: nec enim hoc pronuntiatur

D. 25, 3, 5, 3　乌尔比安：《论执政官的职责》第 2 卷

同样应当认为，父母要抚养子女。

D. 25, 3, 5, 4　乌尔比安：《论执政官的职责》第 2 卷

因此，我们要使母亲也承担起抚养子女，尤其是非婚生子的责任。子女也要赡养她。

D. 25, 3, 5, 5　乌尔比安：《论执政官的职责》第 2 卷

皮乌斯皇帝 ① 也指出：外祖父也负有抚养的责任。

D. 25, 3, 5, 6　乌尔比安：《论执政官的职责》第 2 卷

皮乌斯皇帝还下谕令道：如果法庭判定女儿是合法出生的，则父亲要抚养他的女儿。

D. 25, 3, 5, 7　乌尔比安：《论执政官的职责》第 2 编

但是，如果儿子能够自己养活自己，裁判官要考虑是否不应裁决父亲抚养他。因此，皮乌斯皇帝发出这样的谕令："审理案件的裁判官们来到你这里，肯定你是个工匠，不过因为健康原因，使你虽然能工作但却不能养活自己，在这种情况下，裁判官将裁决你的父亲要依其经济情况来抚养你。"

D. 25, 3, 5, 8　乌尔比安：《论执政官的职责》第 2 卷

在父亲否认儿子是自己的并因此反对承担抚养义务或者儿子否定父亲是自己的情况下，裁判官们应当对此进行及时而又清楚的调查。当查明或儿子或父亲的主张是正确时才做出承担扶养义务的裁决。如果他们的主张都不正确，则不就扶养做出裁决。

D. 25, 3, 5, 9　乌尔比安：《论执政官的职责》第 2 卷

还应当记住：如果裁判官们裁决应当扶养，但该裁决不能违背事实真相。因为，在裁决中并未裁定儿子是否是他的，只是裁定要

---

① 指艾里乌斯·哈德里亚努斯·安东尼努斯·皮乌斯（T. Aellius Hadrianus Antoninus Pius）皇帝（138—161 年在位）。——译者

1. De matrimonio

filium esse, sed ali debere: et ita divus Marcus rescripsit.

D. 25. 3. 5. 10   Ulpianus 2 de off. cons.

Si quis ex his alere detrectet, pro modo facultatium alimenta constituentur: quod si non praestentur, pignoribus captis et distractis cogetur sententiae satisfacere.

D. 25. 3. 5. 11   Ulpianus 2 de off. cons.

Idem iudex aestimare debet, num habeat aliquid parens vel an pater quod merito filios suos nolit alere: Trebatio denique Marino rescriptum est merito patrem eum nolle alere, quod eum detulerat.

D. 25. 3. 5. 12   Ulpianus 2 de off. cons.

Non tantum alimenta, verum etiam cetera quoque onera liberorum patrem ab iudice cogi praebere rescriptis continetur.

D. 25. 3. 5. 13   Ulpianus 2 de off. cons.

Si impubes sit filius emancipatus, patrem inopem alere cogetur: iniquissimum enim quis merito dixerit patrem egere, cum filius sit in facultatibus.

D. 25. 3. 5. 14   Ulpianus 2 de off. cons.

Si mater alimenta, quae fecit in filium, a patre repetat, cum modo eam audiendam. ita divus Marcus rescripsit Antoniae Montanae in haec verba: 'Sed et quantum tibi alimentorum nomine, quibus necessario filiam tuam exhibuisti, a patre eius praestari oporteat, iudices aestimabunt, nec impetrare debes ea, quae exigente materno affectu in filiam tuam erogatura esses, etiamsi a patre suo educaretur'.

承担扶养义务。马尔库斯皇帝就下过这样的谕令。

D. 25, 3, 5, 10　乌尔比安:《论执政官的职责》第 2 卷

如果扶养人拒绝扶养,则要根据扶养人的经济能力给予裁决。如果他不依裁决进行扶养,那么,为了执行裁决,就要将他的财产进行抵押。

D. 25, 3, 5, 11　乌尔比安:《论执政官的职责》第 2 卷

裁判官同样应当考虑:直系亲属或父亲不愿抚养其子女是否有一定道理。马尔库斯皇帝曾下谕令给特雷巴兹友·马里诺曰:父亲拒绝抚养儿子是公正的,因为儿子将父亲赶了出去。

D. 25, 3, 5, 12　乌尔比安:《论执政官的职责》第 2 卷

在谕令中包括这样的内容:裁判官不仅要使父亲承担抚养子女的义务,而且还要承担起对子女的其他责任。

D. 25, 3, 5, 13　乌尔比安:《论执政官的职责》第 2 卷

即使脱离父权的儿子是未适婚人,他也要承担起赡养贫穷的父亲的责任。因为儿子富有而父亲贫穷,这被认为是不公平的。

D. 25, 3, 5, 14　乌尔比安:《论执政官的职责》第 2 卷

如果母亲向父亲索回给儿子的抚养费,根据下述原则,她的要求要经裁判官同意。马尔库斯皇帝就此给安东尼娅·蒙达娜的批复中曰:"但是,裁判官要计算她的父亲应还给你多少数额的钱,这些钱是你为抚养你的女儿所支付的必要花费。无论她父亲是否抚养她,你都不应得到你基于母爱而给你女儿的花费。"

1. De matrimonio

D. 25. 3. 5. 15   Ulpianus 2 de off. cons.

A milite quoque filio, qui in facultatibus sit, exhibendos parentes esse pietatis exigit ratio.

D. 25. 3. 5. 16   Ulpianus 2 de off. cons.

Parens quamvis ali a filio ratione naturali debeat, tamen aes alienum eius non esse cogendum exsolvere filium rescriptum est.

D. 25. 3. 5. 17   Ulpianus 2 de off. cons.

Item rescriptum est heredes filii ad ea praestanda, quae vivus filius ex officio pietatis suae dabit, invitos cogi non oportere, nisi in summam egestatem pater deductus est.

D. 25. 3. 5. 18   Ulpianus 2 de off. cons.

Solent iudices cognoscere et inter patronos et libertos, si alendis his agatur: itaque si negent se esse libertos, cognoscere eos oportebit: quod si libertos constiterit, tunc demum decernere, ut alant: nec tamen alimentorum decretum tollet liberto facultatem, quo minus praeiudicio certare possit, si libertum se neget.

D. 25. 3. 8   Marcellus 1 ad l. iul. et pap.

Non quemadmodum masculorum liberorum nostrorum liberi ad onus nostrum pertinent, ita et in feminis est: nam manifestum est id quod filia parit non avo, sed patri suo esse oneri, nisi pater aut non sit superstes aut egens est.

D. 25, 3, 5, 15　乌尔比安:《论执政官的职责》第 2 卷

基于仁爱之观念,富有的服兵役的儿子应当赡养父母。

D. 25, 3, 5, 16　乌尔比安:《论执政官的职责》第 2 卷

根据自然规则,儿子必须要赡养父亲,但是谕令规定:儿子不应承担履行父亲债务的义务。

D. 25, 3, 5, 17　乌尔比安:《论执政官的职责》第 2 卷

谕令还规定:儿子的继承人不被强迫承担儿子生前基于孝顺而进行赡养的义务,除非儿子的父亲陷入贫困的境地。

D. 25, 3, 5, 18　乌尔比安:《论执政官的职责》第 2 卷

如果涉及扶养问题,裁判官通常还要了解保护人和解放自由人之间是否有扶养义务。因此,如果他否定解放自由人,则应当进行调查。如果查明他是解放自由人,就要判定他是否要赡养保护人。但是,判定赡养保护人并不剥夺解放自由人提起否定他是解放自由人的初审的权利。

D. 25, 3, 8　马尔切勒:《尤流斯和帕皮流斯法评注》第 1 卷

我们不仅对我们的儿子的子女不承担抚养义务,而且对我们的女儿的子女也同样如此。因此,显然女儿生出的孩子不是由外祖父而是由孩子的父亲来抚养,除非孩子的父亲已经去世或是穷人。

1. De matrimonio

1. 8   De concubinatu

(D. 23. 2 ; D. 25. 7 ; D. 50. 16 ; C. 5. 26/27)

1. 8. 1   Verborum significatio

D. 50. 16. 144   Paulus 10 ad l. iul. et pap.

Libro memorialium Massurius scribit 'pellicem' apud antiquos eam habitam, quae, cum uxor non esset, cum aliquo tamen vivebat: quam nunc vero nomine amicam, paulo honestiore concubinam appellari. Granius Flaccus in libro de iure Papiriano scribit pellicem nunc volgo vocari, quae cum eo, cui uxor sit, corpus misceat: quosdam eam, quae uxoris loco sine nuptiis in domo sit, quam pallakyn Graeci vocant.

1. 8. 2   Condiciones

D. 25. 7. 1. 4   Ulpianus 2 ad l. iul. et pap.

Cuiuscumque aetatis concubinam habere posse palam est, nisi minor annis duodecim sit.

C. 5. 26. 1   Imperator Constantinus

Nemini licentia concedatur constante matrimonio concubinam penes se habere.

Const. A. ad pop. ⟨ *a 326 PP. XVIII k. Iul. Caesareae Constantino A.*

1.8　姘合

（D. 23, 2；D. 25, 7；D. 50, 16；C. 5, 26/27）

1.8.1　术语

D. 50, 16, 144　保罗：《尤流斯和帕皮流斯法评注》第 10 卷

在《回忆录》一书中马苏利乌斯[①]写道：根据古人的思想，"妾"（pellex）是指与男人共同生活但不是妻子的女性。在现今又被叫作情妇（amica），更确切的名称叫"姘合之妇"（concubina）。格拉纽斯·弗拉库斯在《巴比里亚努斯法论集》一书中写道：现在常将与已有妻子的男人发生关系的女性称为妾。但有些人这样解释：她是没有举行婚礼但在家中处于妻子位置的人，这便是希腊人称的妾（παλλακην）。

1.8.2　必要条件

D. 25, 7, 1, 4　乌尔比安：《尤流斯和帕皮流斯法评注》第 2 卷

显然，任何年龄不小于 12 岁的女子都能成为姘合之妇。

C. 5, 26, 1　君士坦丁皇帝致民众

如果在婚姻存续期间有一姘合之妇，则是完全不被允许的。（326 年，于恺撒城，君士坦丁皇帝第 7 次执政和他的儿子

[①]　即尤里安。——译者

1. De matrimonio

VII et c. conss. 〉

D. 23. 2. 56   Ulpianus 3 disp.

Etiam si concubinam quis habuerit sororis filiam, licet libertinam, incestum committitur.

D. 25. 7. 3pr.   Marcianus 12 inst.

In concubinatu potest esse et aliena liberta et ingenua et maxime ea quae obscuro loco nata est vel quaestum corpore fecit. alioquin si honestae vitae et ingenuam mulierem in concubinatum habere maluerit, sine testatione hoc manifestum faciente non conceditur. sed necesse est ei vel uxorem eam habere vel hoc recusantem stuprum cum ea committere.

D. 25. 7. 3. 1   Marcianus 12 inst.

Nec adulterium per concubinatum ab ipso committitur. nam quia concubinatus per leges nomen assumpsit, extra legis poenam est, ut et Marcellus libro septimo digestorum scripsit.

1. 8. 2. 1   Affectio

D. 25. 7. 4   Paulus 19 resp.

Concubinam ex sola animi destinatione aestimari oportet.

1. 8. 2. 2   Effectus

C. 5. 27. 2   Imperatores Arcadius et Honorius

Matre vel legitimis filiis vel nepotibus aut pronepotibus cuiuscumque sexus, uno pluribusve, existentibus bonorum suorum unam

君士坦斯第 1 次执政）

D. 23, 2, 56　乌尔比安:《争辩集》第 3 卷

倘若某人与姊妹的女儿姘居，尽管该女子是获得自由的女奴，仍然构成乱伦。

D. 25, 7, 3pr.　马尔西安:《法学阶梯》第 12 卷

女解放自由人和女生来自由人都可能成为姘合之妇，特别是她出生于出身卑微的家庭或从事卖淫职业。如果一个男人愿意有一个生活正派和生来为自由人的女子作为妾而没有证据证明他们不能或不愿缔结婚姻，则不允许她为姘合之妇。在这种情况下，他必须要娶其为妻，如果不同意则属于诱奸。

D. 25, 7, 3, 1　马尔西安:《法学阶梯》第 12 卷

但是，并不因为有姘合关系而构成通奸罪。因为，正如同马尔切勒在《学说汇纂》第 7 卷中所写的那样，如果姘合关系在某一法律上被承认，则对他不适用有关通奸的法律。

1.8.2.1　构成要素:意愿

D. 25, 7, 4　保罗:《解答集》第 19 卷

一名女子被认为是姘合之妇，是根据她意愿的唯一目的性而定的。

1.8.2.2　效力

C. 5, 27, 2　阿卡丢斯皇帝和奥诺流斯皇帝致大区长官安特缪斯

如果有母亲，或有婚生子女，或有孙子女，或有曾孙子女，无论这些直系卑亲属是何种性别，是一个或多个，父亲只能将他

1. De matrimonio

tantum unciam pater naturalibus filiis seu filiabus eorumque genetrici
vel, si sola sit concubina, semunciam largiendi vel relinquendi habeat·
potestatem. quidquid vero ultra modum concessum relictum sit, legitimis
liberis vel matri vel ceteris successoribus iure reddetur.

Arcad. et Honor. AA. Anthemio pp. ⟨ *a 405 D. id. Nov.*
Constantinopoli Stilichone II et Anthemio conss. ⟩

的财产中的十二分之一留给亲生子女和他们的母亲。如果他只有一个姘合之妇，则只能给她留下二十四分之一财产。事实上，超过上述允许份额的部分必须要依法返还给婚生子女，或他们的母亲，或其他的继承人。

（405 年，于君士坦丁堡，斯迪里科内第 2 次执政和安特缪斯执政）

2. De tutela et de cura

2. 1 De tutela pupillorum: de significatione verborum
(D. 26. 1 ; D. 50. 16)

D. 26. 1. 1pr. Paulus 38 ad ed.

Tutela est, ut Servius definit, vis ac potestas in capite libero ad tuendum eum, qui propter aetatem sua sponte se defendere nequit, iure civili data ac permissa.

D. 26. 1. 1. 1 Paulus 38 ad ed.

Tutores autem sunt qui eam vim ac potestatem habent, exque re ipsa nomen ceperunt: itaque appellantur tutores quasi tuitores atque defensores, sicut aeditui dicuntur qui aedes tuentur.

D. 50. 16. 239pr. Pomponius l. S. enchir.

'Pupillus' est, qui, cum impubes est, desiit in patris potestate esse aut morte aut emancipatione.

2. 监护和保佐

2.1 未适婚人的监护：含义
（D. 26, 1；D. 50, 16）

D. 26, 1, 1pr.　保罗：《告示评注》第 38 卷

正如塞尔维乌斯下的定义那样，监护（tutela）是指由市民法赋予的、对那些因年龄原因不能自我保护的自由人给予保护的一种权利。

D. 26, 1, 1, 1　保罗：《告示评注》第 38 卷

监护人（tutores）是指有着上述权利之人。监护人的含义来源于他们对被监护人的保护。他们犹如看守寺庙的人被称为寺庙保护人一样。

D. 50, 16, 239pr.　彭波尼：《手册》单卷本

"被监护人"（pupillus）是指因父亲死亡或脱离父权而终止了处于父权状态下的未成年人。

2. 2   De constitutione et cessatione tutelae; condiciones generales

(D. 26. 1/2)

D. 26. 1. 1. 2   Paulus 38 ad ed.

Mutus tutor dari non potest, quoniam auctoritatem praebere non potest.

D. 26. 1. 1. 3   Paulus 38 ad ed.

Surdum non posse dari tutorem plerique et Pomponius libro sexagesimo nono ad edictum probant, quia non tantum loqui, sed et audire tutor debet.

D. 26. 1. 17   Paulus 8 ad sab.

Complura senatus consulta facta sunt, ut in locum furiosi et muti et surdi tutoris alii tutores dentur.

D. 26. 1. 18   Nerva 3 reg.

Feminae tututores dari non possunt, quia id munus masculorum est, nisi a principe filiorum tutelam specialiter postulent.

D. 26. 1. 13pr.   Pomponius 2 enchir.

Solet etiam curator dari aliquando tutorem habenti propter adversam tutoris valetudinem vel senium aetatis: qui magis administrator rerum, quam curator esse intellegitur.

D. 26. 1. 13. 1   Pomponius 2 enchir.

Est etiam adiutor tutelae, quem solet praetor permittere tutoribus constituere, qui non possunt sufficere administrationi tutelae, ita tamen

2.2　监护的设立和撤销：一般条件
（D. 26, 1/2）

D. 26, 1, 1, 2　保罗:《告示评注》第 38 卷

哑巴不能成为监护人，因为他不能说出监护许可。

D. 26, 1, 1, 3　保罗:《告示评注》第 38 卷

多数法学家，包括彭波尼，也在《论告示》第 39 卷中写道：聋子不能成为监护人。因为监护人不仅应当说，而且还要听。

D. 26, 1, 17　保罗:《萨宾评注》第 8 卷

许多元老院的决议被制定了出来，以便使作为监护人的精神病患者、哑巴和聋子均被其他人所替代。

D. 26, 1, 18　内尔瓦:《规则集》第 3 卷

女性不能成为监护人，因为监护是男人的职责，除非她特向皇帝恳求成为自己子女的监护人。

D. 26, 1, 13pr.　彭波尼:《手册》第 2 卷

通常，由于监护人身体不佳或年迈，有时还允许监护人增加一个保佐人，这种人与其说是保佐人，不如说是被监护人的财产管理人更好。

D. 26, 1, 13, 1　彭波尼:《手册》第 2 卷

还有一种人是监护人的助手，当监护人不能单独进行监护管理时，通常允许裁判官给监护人指定助手。但是监护人要承担这

2. De tutela et de cura

ut suo periculo eum constituant.

D. 26. 1. 6. 4 Ulpianus 38 ad sab.

Ei cuius pater in hostium potestate est tutorem dari non posse palam est: sed si datus sit, an in pendenti sit datio, quaeri potest. et non puto dationem valere: sic enim post patris regressum reccidit in potestatem, atque si numquam pater ab hostibus captus fuisset. immo curator substantiae dari debet, ne in medio pereat.

D. 26. 1. 16. 1 Gaius 12 ad ed. provinc.

Et sciendum est nullam tutelam hereditario iure ad alium transire: sed ad liberos virilis sexus perfectae aetatis descendunt legitimae, ceterae non descendunt.

D. 26. 2. 33 Iavolenus 8 ex post. lab.

Tutoribus ita datis: 'Lucium Titium tutorem do. si is non vivit, tum Gaium Plautium tutorem do' Titius vixerat et tutelam gesserat, deinde mortuus erat. Trebatius negat ad Plautium pertinere tutelam, Labeo contra, proculus quod Labeo. ego Trebatii sententiam probo, quia illa verba ad mortis tempus referuntur.

D. 26. 1. 14pr. Ulpianus 37 ad sab.

Si adrogati sunt adhuc impuberes vel deportati sint pupilli, tutores habere desinunt.

D. 26. 1. 14. 1 Ulpianus 37 ad sab.

Item si in servitutem pupillus redigatur, utique finitur tutela.

D. 26. 1. 14. 2 Ulpianus 37 ad sab.

Aliis quoque modis desinunt esse tutores, si forte quis ab hostibus fuerit captus vel pupillus vel tutor.

一指定所带有的风险。

D. 26, 1, 6, 4　乌尔比安:《萨宾评注》第38卷

父亲被敌人所俘获,显然他不能给儿子指定监护人。但是,如果他已经指定了监护人,该指定要考虑是否终止。在处于悬而未决的情况下,我不认为这种指定是有效的。因为父亲返回之后会重获父权,如同从未被敌人俘获过一样。相反,为了在此期间财产不被滥用,要指定一名保佐人。

D. 26, 1, 16, 1　盖尤斯:《行省告示评注》第12卷

有一点是明确的:没有任何一种监护能够通过继承权转移给他人。但是,法定监护可以转移给成年的男性后代,其他监护则不能被转移。

D. 26, 2, 33　雅沃伦:《拉贝奥遗作摘录》第8卷

两个监护人是这样被指定的:"我指定鲁丘斯·提裘斯为监护人,如果他去世,我指定盖尤斯·普拉乌兹乌斯为监护人"。提裘斯曾于在世时管护过被监护人,后去世。特雷巴丘斯否定监护权转给普拉乌兹乌斯。拉贝奥①反对这一否定。普罗库勒赞同他的看法。我赞同特雷巴丘斯的看法,因为那些言词涉及指定监护的人的去世时间。

D. 26, 1, 14pr.　乌尔比安:《萨宾评注》第37卷

如果未适婚人被收养,或者遭到流放,那么监护要终止。

D. 26, 1, 14, 1　乌尔比安:《萨宾评注》第37卷

同样,如果被监护人沦为奴隶,显然要终止监护。

D. 26, 1, 14, 2　乌尔比安:《萨宾评注》第37卷

另有一种情形亦使监护终止:被监护人或是监护人被敌人俘获。

---

① 　1世纪法学家。——译者

2. De tutela et de cura

D. 26. 1. 14. 3   Ulpianus 37 ad sab.

Sed et si ad tempus fuerit quis datus, tempore finito tutor esse desinit.

D. 26. 1. 14. 4   Ulpianus 37 ad sab.

Praeterea si suspectus quis fuerit remotus, desinit esse tutor.

D. 26. 1. 14. 5   Ulpianus 37 ad sab.

Sed et si ad certam condicionem datus sit, aeque evenit, ut desinat esse tutor exsistente condicione.

2. 3   De tutela testamentaria

(D. 26. 2/3)

D. 26. 2. 1pr.   Gaius 12 ad ed. provinc.

Lege duodecim tabularum permissum est parentibus liberis suis sive feminini sive masculini sexus, si modo in potestate sint, tutores testamento dare.

D. 26. 2. 1. 1   Gaius 12 ad ed. provinc.

Item scire debemus etiam postumis filiis vel nepotibus vel ceteris liberis licere parentibus testamento tutores dare, qui modo in ea causa sint, ut, si vivo eo nati fuerint, in potestate eius futuri sint neque testamentum rupturi.

D. 26. 2. 1. 2   Gaius 12 ad ed. provinc.

Item ignorandum non est eum, qui filium in potestate et nepotem ex eo aeque in potestate habebit, si nepoti tutorem dederit, ita recte dedisse videri, si nepos post mortem eius in patris sui potestatem recasurus non

D. 26, 1, 14, 3　乌尔比安:《萨宾评注》第 37 卷

但是如果监护是有期限的,则待期间届满时监护终止。

D. 26, 1, 14, 4　乌尔比安:《萨宾评注》第 37 卷

此外,如果监护人因被提起使监护人丧失监护权的刑事诉讼而丧失监护权,则监护终止。

D. 26, 1, 14, 5　乌尔比安:《萨宾评注》第 37 卷

当指定监护人附有解除条件时,同样会因条件成就致使监护终止。

2.3　遗嘱监护

（D. 26, 2/3）

D. 26, 2, 1pr.　盖尤斯:《行省告示评注》第 12 卷

根据《十二表法》的规定,只要儿女处于父权之下,就允许父亲通过遗嘱给儿子或女儿指定监护人。

D. 26, 2, 1, 1　盖尤斯:《行省告示评注》第 12 卷

同样,我们应当明白,父亲通过遗嘱给遗腹子女或遗腹孙子女指定监护人是合法的。但是要有下列条件,即如果他们出生时父亲活着,则他们处于父权之下,而且他们的出生不使遗嘱无效。

D. 26, 2, 1, 2　盖尤斯:《行省告示评注》第 12 卷

同时应当明白,他有一个处于父权之下的儿子,该儿子所生的孙子同样也处于父权之下。如果给孙子指定监护人,只有在他死后孙子不处于儿子的父权之下时,这样做才是正确的。当儿子在遗嘱

2. De tutela et de cura

sit: quod evenit, si vivo testatore filius in potestate eius esse desierit.

D. 26. 2. 4   Modestinus 7 diff.

Pater heredi instituto filio vel exheredato tutorem dare potest, mater autem non nisi instituto, quasi in rem potius quam in personam tutorem dare videatur. sed et inquiri in eum, qui matris testamento datus est tutor, oportebit, cum a patre datus, quamvis minus iure datus sit, tamen sine inquisitione confirmatur, nisi si causa, propter quam datus videbatur, in eo mutata sit, veluti si ex amico inimicus vel ex divite pauperior effectus sit.

D. 26. 2. 11pr.   Ulpianus 37 ad sab.

Si quis sub condicione vel ex die tutorem dederit, medio tempore alius tutor dandus est, quamvis legitimum tutorem pupillus habeat: sciendum est enim, quamdiu testamentaria tutela speratur, legitimam cessare.

D. 26. 2. 16pr.   Ulpianus 39 ad sab.

Si quis ita dederit 'filiis meis tutorem do' , in ea condicione est, ut tam filiis quam filiabus dedisse videatur: filiorum enim appellatione et filiae continentur.

D. 26. 2. 6   Ulpianus 39 ad sab.

Quid si nepotes sint? an appellatione filiorum et ipsis tutores dati sint, videndum. et magis est, ut ipsis quoque dati videantur, si modo liberos dixit: ceterum si filios, non continebuntur: aliter enim filii, aliter nepotes appellantur. plane si postumis dederit, tam filii postumi quam ceteri liberi continebuntur.

人活着的时候被从他的父权下解脱出来时便会发生该情况。

D. 26, 2, 4　莫德斯丁:《区别集》第7卷

父亲可以给是继承人的或是被剥夺继承权的儿子指定监护人。相反，母亲不能给儿子指定监护人，除非儿子被指定为继承人，因为对监护人的指定与其说是为了人，不如说是为了财产。但是，就像对父亲指定的监护人一样，对母亲指定的监护人也要进行调查。因此，如果母亲的指定仅限于被指定为继承人的儿子，那么，该指定不经进一步的调查即被确认，除非她的指定发生变化，例如，从朋友变成敌人，或者从富人变成穷人。

D. 26, 2, 11pr.　乌尔比安:《萨宾评注》第37卷

当指定一名监护人时附加了条件或期限，则在此限内仍可指定另外一名监护人。尽管未适婚人有法定监护人亦如此。因为有一点应当明白：适用遗嘱监护就要终止法定监护。

D. 26, 2, 16pr.　乌尔比安:《萨宾评注》第39卷

当有人在遗嘱中写道"我给我的儿子们指定监护人"时，其潜台词是：给儿子的指定也就是给女儿的指定。因为，提到了儿子也就包括了女儿在内。

D. 26, 2, 6　乌尔比安:《萨宾评注》第39卷

要是他们有孙子女会怎么样呢？我们应当考虑：如果在儿子的名称中包括孙子在内，是否也要给他们指定监护人。最好的解决办法是：如果在遗嘱中写的是卑亲属，则被指定的监护人也要监护孙子女。相反，如果称之为子女则不包含孙子女在内。事实上，称呼他们为子女，不同于称呼他们为孙子女。无疑，若写的是遗腹出生的子孙，则既含有遗腹子女，也包括遗腹孙子女在内。

2. De tutela et de cura

D. 26. 2. 17pr.　Ulpianus 35 ad ed.

Testamento datos tutores non esse cogendos satisdare rem salvam fore certo certius est: sed nihilo minus cum quis offert satisdationem, ut solus administret, audiendus est, ut edicto cavetur. sed recte praetor etiam ceteris detulit hanc condicionem, si et ipsi velint satisdare: nam et si ipsi parati sunt satisdare, non debent excludi alterius oblatione, sed impleta videlicet ab omnibus satisdatione omnes gerent, ut qui contentus est magis satis accipere quam gerere, securus esset.

D. 26. 2. 17. 2　Ulpianus 35 ad ed.

Duplex igitur causae cognitio est, una ex persona eius qui optulerit satisdationem, quis et qualis est, alia contutorum, quales sunt, num forte eius existimationis vel eius honestatis sunt, ut non debeant hanc contumeliam satisdationis subire.

D. 26. 3. 1. 1　Modestinus 6 excus.

Eisi tines ohi didomenoi orvws kata diavykas epitropoi, tout' esti kai huf' hwn exryn kai ohis exryn kai hon tropon exryn kai hopou exryn. patyr gar uhiois y ekgonois, ohus exei en ecousiai, orvws didwsin epitropon all' en diavyky. ean de y proswpon toiouton ho my dunatai dounai, ohion mytyr y patrwn y allotrios tis, y proswpon hw my dunatai dounai, ohion patyr uhiw tw my onti en ecousiai y vugatri, y ean eipy ' parakalw epimelesvai twn pragmatwn' , y en kwdikillois my bebaiwveisi dw epitropon y kouratora, tote to endeon anaplyrousvai ek tys tou hupatikou ecousias ahi diataceis sunexwrysan kai kata tyn gnwmyn bebaiousvai tous epitropous.

D. 26. 3. 1. 2　Modestinus 6 excus.

Kai ean men patyr y ho dedwkws, peraiterw ouden hws epi to

D. 26, 2, 17pr. 乌尔比安:《告示评注》第35卷

毫无疑问,遗嘱指定的监护人不应被强迫允诺为未适婚人的财产提供担保。但是,如果监护人中有人为了单独管理被监护人的财产准备做出上述允诺时,裁判官根据《告示》的规定,不予反对。但是,妥善的方法是:裁判官应询问其他的监护人是否也要做出提供担保允诺。因为,如果其他监护人也准备做出提供担保允诺时,不因为已有一个人做出了提供担保允诺而将他们的允诺排除在外。然而,在这种情况下,所有的监护人必须做出提供担保允诺,以便提供的担保和经营更可靠。

D. 26, 2, 17, 2 乌尔比安:《告示评注》第35卷

因此,对情况的了解是双重性的:一是关于准备允诺的人是一个怎样的人;二是关于共同监护人是怎样的人。也就是说,他们是否具有声誉或者尊荣,以使他们不应当遭受到允诺提供担保的耻辱。

D. 26, 3, 1, 1 莫德斯丁:《论法定免除监护责任的理由》第6卷

一些监护人是通过遗嘱被规范地指定出来,即由应当指定的人指定了应当被指定的人及这种指定是以应有的方式和在应该在的地方进行的。因为,通过遗嘱,父亲要给处于父权之下的子女或孙子女规范化地指定监护人。但是,如果监护人是被无权指定的人所指定,如母亲、保护人或家外人,或者如果给不应被指定的人指定了监护人,如不处于父权之下的儿子或女儿,那么无论是以"我请你管理财物"为依据指定监护人,还者是在没有被确认的遗嘱附书中指定监护人或保佐人,这个指定不能被执政官的权力所补救。当上述指定中的瑕疵被皇帝的谕令所允许时,则被指定的监护人方得到确认。

D. 26, 3, 1, 2 莫德斯丁:《论法定免除监护责任的理由》第6卷

无疑,如果监护人是被父亲所指定,大多数情况下行省长官

2. De tutela et de cura

pleiston polupragmonei ho hygoumenos, alia haplws auton bebaioi: ean de allos tis, tote polupragmonei, to proswpon ei estin epitydeion.

D. 26. 3. 1. 3   Modestinus 6 excus.

Eti eidenai dei hoti kouratwr kata diavykas oude hupo patios orvws didotai, alla doveis eiwve bebaiousvai hupo tou hygoumenou.

D. 26. 3. 2pr.   Neratius 3 reg.

Mulier liberis non recte testamento tutorem dat: sed si dederit, decreto praetoris vel proconsulis ex inquisitione confirmabitur nec satisdabit pupillo rem salvam fore.

2. 4   De tutela legitima

(D. 26. 4)

D. 26. 4. 1 pr.   Ulpianus 14 ad sab.

Legitimae tutelae lege duodecim tabularum adgnatis delatae sunt et consanguineis, item patronis, id est his qui ad legitimam hereditatem admitti possint: hoc summa providentia, ut qui sperarent hanc successionem, idem tuerentur bona, ne dilapidarentur.

D. 26. 4. 1. 1   Ulpianus 14 ad sab.

Interdum alibi est hereditas, alibi tutela, ut puta si sit consanguinea pupillo: nam hereditas quidem ad adgnatam pertinet, tutela autem ad adgnatum. item in libertinis, si sit patrona et patroni filius: nam tutelam patroni filius, hereditatem patrona optinebit: tantundemque erit et si sit patroni filia et nepos.

D. 26. 4. 1. 2   Ulpianus 14 ad sab.

Si apud hostes sit frater, inferioris gradus adgnato tutela non

不予过问，但通常要给予简单的确认。如果监护人由其他的人指定，则行省长官通常要进行调查。

D. 26, 3, 1, 3 莫德斯丁:《论法定免除监护责任的理由》第 6 卷

此外，应当知道：父亲亦能以遗嘱的方式规范地指定保佐人；不过如果已指定，则需要得到行省总督的认可。

D. 26, 3, 2pr. 内拉蒂:《规则集》第 3 卷

女性不适宜以遗嘱的方式给子女指定监护人。但是，如果指定了监护人，则要依裁判官的裁决或者省总督的命令，经资格调查之后给予确认。他们不必向被监护人做出财产保护的允诺。

2.4 法定监护

（D. 26, 4）

D. 26, 4, 1pr. 乌尔比安:《萨宾评注》第 14 卷

根据《十二表法》的规定，法定监护由宗亲属和保护人，也就是说由那些能够接受法定继承的人担任。这一规定是很妥善的，由希望继承的人管理财产，这样就使财产不会被挥霍掉。

D. 26, 4, 1, 1 乌尔比安:《萨宾评注》第 14 卷

有时法定继承人与法定监护人不是同一个人，例如被监护人的女性宗亲属。她有继承权但是没有监护权，监护权归属男性宗亲属。对于获得自由的奴隶的后代亦如此，如果有一名女性保护人和一名男性保护人的儿子，则男性保护人的儿子有监护权，女性保护人有继承权。如果是一名男性保护人的女儿和孙子，同样如此。

D. 26, 4, 1, 2 乌尔比安:《萨宾评注》第 14 卷

如果兄弟被敌人俘获，不能由下一亲等的人进行监护。同

defertur: nam et si patronus apud hostes sit, patroni filio tutela non defertur: sed interim a praetore datur.

D. 26. 4. 3pr.   Ulpianus 38 ad sab.

Tutela legitima, quae patronis defertur e lege duodecim tabularum, non quidem specialiter vel nominatim delata est, sed per consequentias hereditatium, quae ex ipsa lege patronis datae sunt.

D. 26. 4. 3. 1   Ulpianus 38 ad sab.

Ergo manumissor ex lege duodecim tabularum tutor est, sive sponte manumisit sive etiam compulsus ex causa fideicommissi manumisit.

D. 26. 4. 5pr.   Ulpianus 35 ad ed.

Legitimos tutores nemo dat, sed lex duodecim tabularum fecit tutores.

D. 26. 4. 6   Paulus 38 ad ed.

Intestato parente mortuo adgnatis defertur tutela. intestatus autem videtur non tantum is qui testamentum non fecit, sed et is qui testamento liberis suis tutores non dedit: quantum enim ad tutelam pertinet, intestatus est. idem dicemus, si tutor testamento datus adhuc filio impubere manente decesserit: nam tutela eius ad adgnatum revertitur.

D. 26. 4. 7   Gaius 1 inst.

Sunt autem adgnati, qui per virilis sexus personas cognatione iuncti sunt, quasi a patre cognati, veluti frater eodem patre natus, fratris filius neposve ex eo, item patruus et patrui filius neposve ex eo.

D. 26. 4. 9   Gaius 12 ad ed. provinc.

Si plures sunt adgnati, proximus tutelam nanciscitur et, si eodem gradu plures sint, omnes tutelam nanciscuntur.

样，当保护人被敌人俘获时，不能由保护人的儿子实施监护。不过，在当时要由裁判官来指定临时监护人。

D. 26, 4, 3pr. 乌尔比安:《萨宾评注》第38卷

《十二表法》将法定监护权赋予保护人，但是该权利的给予并非包含于一个特殊的规定中，而是根据《十二表法》给保护人的遗产的结果而定。

D. 26, 4, 3, 1 乌尔比安:《萨宾评注》第38卷

依《十二表法》的规定，释放奴隶的人是监护人，无论他是自愿释放，还是因遗产信托而被迫释放奴隶。

D. 26, 4, 5pr. 乌尔比安:《告示评注》第35卷

任何人都不能指定法定监护人。但是《十二表法》对监护人做出了规定。

D. 26, 4, 6 保罗:《告示评注》第38卷

父亲去世时未立遗嘱的，监护由宗亲属承担。未立遗嘱不仅是指他没有立遗嘱，而且也包括他虽立遗嘱但未提及他的子女的监护人。因为，就监护而言，这种情形仍属于未立遗嘱。我们考虑:如果遗嘱为一个处于未适婚期的儿子指定的监护人去世了，同样适用上述规定，因为该监护要由宗亲属承担。

D. 26, 4, 7 盖尤斯:《法学阶梯》第1卷

宗亲属是指在亲属关系中男性一方的亲属。例如，同一父亲生的兄弟，兄弟的儿子或者兄弟的孙子，还有叔伯及叔伯的儿子或叔伯的孙子。

D. 26, 4, 9 盖尤斯:《行省告示评注》第12卷

如果宗亲属是多个人时，则适宜监护的人是与被监护的人关系最近的宗亲属;如果同一亲等中有多个人时，他们全部都是监护人。

2. 5   De tutela dativa

(D. 26. 1/5)

D. 26. 1. 6. 2   Ulpianus 38 ad sab.

Tutoris datio neque imperii est neque iurisdictionis, sed ei soli competit, cui nominatim hoc dedit vel lex vel senatus consultum vel princeps.

D. 26. 5. 1. 2   Ulpianus 39 ad sab.

Quod autem permittitur tutorem dare provinciae praesidi, eis tantum permittitur, cui sunt eiusdem provinciae vel ibidem domicilium habent.

D. 26. 5. 3   Ulpianus 36 ad ed.

Ius dandi tutores datum est omnibus magistratibus municipalibus eoque iure utimur, sed illum, qui ab eodem municipio vel agro eiusdem municipii est.

D. 26. 5. 12pr.   Ulpianus 3 de off. procons.

His qui in ea causa sunt, ut superesse rebus suis non possint, dare curatorem proconsulem oportebit.

D. 26. 5. 15   Paulus 2 ad ed.

In omnem rem curator dandus est in eius tutoris locum, qui rei publicae causa afuit.

D. 26. 5. 16   Paulus 73 ad ed.

Nec ille desinit tutor esse. quod et in omnibus, qui ad tempus excusantur, iuris est.

2.5 指定监护

（D. 26, 1/5）

D. 26, 1, 6, 2　乌尔比安:《萨宾评注》第 38 卷

监护人的指定既不是基于权威，也不是依裁判权，而仅仅是依照法律，或者依照元老院的决议，或者依照皇帝的谕令进行。

D. 26, 5, 1, 2　乌尔比安:《萨宾评注》第 39 卷

允许指定监护人，这种许可仅限于监护人是该省的人或者他们的住所地在该省辖区内。

D. 26, 5, 3　乌尔比安:《告示评注》第 36 卷

指定监护人的权力被授予每一个自治市执政官。我们要遵守这一法律规定。但是，指定的监护人只能是该城市或者是隶属于该城市郊外农村的人。

D. 26, 5, 12pr.　乌尔比安:《论行省总督的职责》第 3 卷

对于那些不能管理自己财产的人，要给其指定保佐人。

D. 26, 5, 15　保罗:《告示评注》第 2 卷

在必要时，应指定保佐人代替因为共和国事务而外出的监护人。

D. 26, 5, 16　保罗:《告示评注》第 73 卷

上述情况并不撤销已有的监护人。对任何有着法定免除监护责任理由的人，都适用于上述规定。

2. De tutela et de cura

D. 26. 5. 21. 5   Modestinus 1 excus.

Pros tois loipois dikaiois dei ton arxonta kai tous tropous twn mellontwn xeirotonyvysesvai skopein: oute gar ousia oute aciwma ohutws hikanon pros pistin, hws agavy proairesis kai xrystoi tropoi.

D. 26. 5. 23   Modestinus 4 pand.

Simul plures tutores dari possunt.

2. 6   De officio tutoris

(D. 26. 7/8 ; D. 27. 9 ; D. 50. 17)

D. 50. 17. 189   Celsus 13 dig.

Pupillus nec velle nec nolle in ea aetate nisi adposita tutoris auctoritate creditur: nam quod animi iudicio fit, in eo tutoris auctoritas necessaria est.

D. 26. 8. 3   Paulus 8 ad sab.

Etiamsi non interrogatus tutor auctor fiat, valet auctoritas eius, cum se probare dicit id quod agitur: hoc est enim auctorem fieri.

D. 26. 8. 5. 1   Ulpianus 40 ad sab.

Pupillus vendendo sine tutoris auctoritate non obligetur sed nec in emendo, nisi in quantum locupletior factus est.

D. 26. 8. 5. 2   Ulpianus 40 ad sab.

Item ipse tutor et emptoris et venditoris officio fungi non potest:

D. 26, 5, 21, 5 莫德斯丁:《论法定免除监护责任的理由》第1卷

除法律规定的之外，裁判官还需要对应被指定之人的品德加以考查。因为只有具备了良好的习惯和高尚的品德，才能维护监护人的尊严和加强对监护人的信任。

D. 26, 5, 23 莫德斯丁:《学说汇纂》第4卷

可以同时指定多个监护人。

2.6 监护人的职责

（D. 26, 7/8；D. 27, 9；D. 50, 17）

D. 50, 17, 189 杰尔苏:《学说汇纂》第13卷

应当认为：如果没有监护人的许可，处于被监护时期的未适婚人不能对任何一种法律的行为做出表示。因此，每一个对法律的行为做出的表示，监护人的允许是必需的。

D. 26, 8, 3 保罗:《萨宾评注》第8卷

尽管监护人没有被问及是否给予许可，但是，只要监护人对已完成的行为表示赞同时，这就是他的许可，并且是有效的许可，因为这意味着他给予了许可。

D. 26, 8, 5, 1 乌尔比安:《萨宾评注》第40卷

如果被监护人未经监护人的许可出售物品，这对他不产生债的关系。当他购买物品时亦如此。但是，如果被监护人因此而获得利益时，他要在获得利益的范围内承担责任。

D. 26, 8, 5, 2 乌尔比安:《萨宾评注》第40卷

同样，监护人本人不能同时承担购买和出售的责任。然而，

2. De tutela et de cura

sed enim si contutorem habeat, cuius auctoritas sufficit, procul dubio emere potest. sed si mala fide emptio intercesserit, nullius erit momenti ideoque nec usucapere potest. sane si suae aetatis factus comprobaverit emptionem, contractus valet.

D. 26. 8. 5. 3   Ulpianus 40 ad sab.

Sed si per interpositam personam rem pupilli emerit, in ea causa est, ut emptio nullius momenti sit, quia non bona fide videtur rem gessisse: et ita est rescriptum a divo severo et antonino.

D. 26. 8. 8   Ulpianus 48 ad sab.

Etsi condicionalis contractus cum pupillo fiat, tutor debet pure auctor fieri: nam auctoritas non condicionaliter, sed pure interponenda est, ut condicionalis contractus confirmetur.

D. 26. 7. 12. 3   Paulus 38 ad ed.

Cum tutor non rebus dumtaxat, sed etiam moribus pupilli praeponatur, imprimis mercedes praeceptoribus, non quas minimas poterit, sed pro facultate patrimonii, pro dignitate natalium constituet, alimenta servis libertisque, nonnumquam etiam exteris, si hoc pupillo expediet, praestabit, sollemnia munera parentibus cognatisque mittet. sed non dabit dotem sorori alio patre natae, etiamsi aliter ea nubere non potuit: nam etsi honeste, ex liberalitate tamen fit, quae servanda arbitrio pupilli est.

D. 26. 7. 27   Paulus 7 ad plaut.

Tutor, qui tutelam gerit, quantum ad providentiam pupillarem domini loco haberi debet.

如果有一名共同监护人给予了许可，无疑，被监护人可以购买之。但是，如果购买行为是基于非诚信而发生，则该行为将没有任何效力。监护人亦不能依时效取得所有权。不过，如果被监护人变成适婚人时，他同意该购买行为，则契约有效。

D. 26, 8, 5, 3 乌尔比安:《萨宾评注》第 40 卷

但是，如果有人通过第三人购买被监护人的物品，该购买行为无效，因为该购物行为被认为是非诚信的。塞维鲁皇帝和安东尼皇帝都作过这样的批复。

D. 26, 8, 8 乌尔比安:《萨宾评注》第 48 卷

如果有人同被监护人缔结了一个附条件的契约，监护人应当给予无条件的许可。因为，就确认一个附条件的契约而言，许可不应当是附条件的，而是无条件的许可。

D. 26, 7, 12, 3 保罗:《告示评注》第 38 卷

作为监护人，不仅要负责被监护人的财产，还要负责他的品德的培养。因此，首先他要给被监护人的教师以报酬，所付之酬不是最低酬，而是要与被监护人的财产和身份相符的报酬。如果有利于被监护人的话，监护人要扶养被监护人或者有时是他人的奴隶、解放自由人，他要向被监护人的直系亲属和姻亲属赠送贵重礼品。但是，不给异父所生的被监护人的姐妹以嫁资，即使她不能结婚，因为，他要有尊荣地进行任何活动。这些行为虽然符合公道，但是，这种慷慨的行为仅取决于被监护人的意愿。

D. 26, 7, 27 保罗:《普劳提评注》第 7 卷

从事监护活动的监护人在照顾被监护人的利益时，应当具有主人的地位。

2. De tutela et de cura

D. 26. 7. 7pr.   Ulpianus 35 ad ed.

Tutor, qui repertorium non fecit, quod vulgo inventarium appellatur, dolo fecisse videtur, nisi forte aliqua necessaria et iustissima causa allegari possit, cur id factum non sit. si quis igitur dolo inventarium non fecerit, in ea condicione est, ut teneatur in id quod pupilli interest, quod ex iureiurando in litem aestimatur. nihil itaque gerere ante inventarium factum eum oportet, nisi id quod dilationem nec modicam exspectare possit.

D. 26. 7. 1pr.   Ulpianus 35 ad ed.

Gerere atque administrare tutelam extra ordinem tutor cogi solet.

D. 27. 9. 1pr.   Ulpianus 35 ad ed.

Imperatoris Severi oratione prohibiti sunt tutores et curatores praedia rustica vel suburbana distrahere.

2. 7   De satisdatione tutoris

(D. 46. 6)

D. 46. 6. 9   Pomponius 15 ad sab.

Cum pupillus a tutore stipulatur rem salvam fore, non solum quae in patrimonio habet, sed etiam quae in nominibus sunt ea stipulatione videntur contineri: quod enim in tutelae iudicium venit, hoc et ea stipulatione continetur.

D. 26, 7, 7pr. 乌尔比安:《告示评注》第 35 卷

没有进行财产清点的监护人被认为是故意不进行清点,除非他能够举出一些必要的理由来证明他不能进行清点。因此,如果有人故意不进行清点,在这种情况下,他要对直至判决时所遭受到的损失承担责任,要在诉讼中通过发誓确定其应当赔偿的数额。因此,他不应当在清点财产之前管理任何财产,除非他的管理行为不能有任何迟延。

D. 26, 7, 1pr. 乌尔比安:《告示评注》第 35 卷

通常,通过特殊的市民法之诉,监护人要被强迫对被监护人的财产进行管理。

D. 27, 9, 1pr. 乌尔比安:《告示评注》第 35 卷

根据塞维鲁皇帝的谕令,禁止监护人和保佐人将农村的或者城郊的庄园出售。

2.7 监护人对被监护人的担保

(D. 46, 6)

D. 46, 6, 9 彭波尼:《萨宾评注》第 15 卷

当监护人对被监护人做出保护其财物的要式口约时,在该要式口约中不仅包括财产,而且还包括债权,因为,通过监护之诉提出的要求也包括在该要式口约中。

2. 8   De responsabilitate tutoris
(D. 26. 1/10 ; D. 27. 3/17)

D. 26. 10. 1. 2   Ulpianus 35 ad ed.

Sciendum est suspecti crimen e lege duodecim tabularum descendere.

D. 26. 10. 1. 3   Ulpianus 35 ad ed.

Damus autem ius removendi suspectos tutores Romae praetoribus, in provinciis praesidibus earum.

D. 27. 3. 2pr.   Paulus 8 ad sab.

Actione de rationibus distrahendis nemo tenetur, nisi qui in tutela gerenda rem ex bonis pupilli abstulerit.

D. 27. 3. 2. 1   Paulus 8 ad sab.

Quod si furandi animo fecit, etiam furti tenetur. utraque autem actione obligatur et altera alteram non tollet. sed et condictio ex furtiva causa competit, per quam si consecutus fuerit pupillus quod fuerit ablatum, tollitur hoc iudicium, quia nihil absit pupillo.

D. 27. 3. 2. 2   Paulus 8 ad sab.

Haec actio licet in duplum sit, in simplo rei persecutionem continet, non tota dupli poena est.

2.8 监护人的责任
（D. 26, 1/10；D. 27, 3/17）

D. 26, 10, 1, 2　乌尔比安：《告示评注》第35卷

有一点要明白，使监护人丧失监护权的控告嫌疑监护人之诉来源于《十二表法》。

D. 26, 10, 1, 3　乌尔比安：《告示评注》第35卷

我们认为：由于监护人对被监护人的财产管理不善而撤销其监护权，在罗马，由裁判官为之；在行省，由行省总督为之。

D. 27, 3, 2pr.　保罗：《萨宾评注》第8卷

如果监护人在进行监护时拿了被监护人财产中的一些财物，他要被提起侵吞财产之诉。

D. 27, 3, 2, 1　保罗：《萨宾评注》第8卷

如果他基于窃取的想法去做这件事，他还要被提起偷盗之诉。通过这两个诉讼[1]他要被追究责任。一个诉讼的进行不妨碍另一个诉讼的进行。但是，被监护人也有权提起要求返还被盗物之诉。鉴于此，如果被监护人获得了被拿走的东西，他不能提起侵吞财产之诉，因为被监护人不缺少任何东西。

D. 27, 3, 2, 2　保罗：《萨宾评注》第8卷

在该诉讼中，常常发生双重的刑事处罚，但是，并非总是如此，只有当要求返还被盗物而监护人不归还时，他将被给予双重处罚。

---

[1]　指侵吞财产之诉和偷盗之诉。——译者

2. De tutela et de cura

D. 27. 3. 4pr. Paulus 8 ad sab.

Nisi finita tutela sit, tutelae agi non potest: finitur autem non solum pubertate, sed etiam morte tutoris vel pupilli.

D. 27. 3. 1pr. Ulpianus 36 ad ed.

In omnibus quae fecit tutor, cum facere non deberet, item in his quae non fecit, rationem reddet hoc iudicio, praestando dolum, culpam et quantam in suis rebus diligentiam.

D. 27. 3. 1. 3 Ulpianus 36 ad ed.

Officio tutoris incumbit etiam rationes actus sui conficere et pupillo reddere: ceterum si non fecit aut si factas non exhibet, hoc nomine iudicio tutelae tenebitur. de servis quoque interrogationes, sed et quaestiones habendas et hoc officio iudicis convenire placuit. nam divus Severus decrevit, cum neque inventaria neque auctionalia proferentur, remedio eo uti debere, ut rationes a servis qui rem gesserant proferantur: has rationes si esse mala fide conscriptas a servis dicunt tutores, etiam in quaestionem servi interrogari poterunt.

D. 26. 1. 7 Ulpianus 2 disp.

Si filius familias tutor a praetore datus sit, si quidem pater tutelam agnovit, in solidum debet teneri, si non adgnovit, dumtaxat de peculio. adgnovisse autem videtur, sive gessit sive gerenti filio consensit sive omnino attigit tutelam. unde cum quidam filio scripsisset, ut diligenter tutelam gereret, 'cum scias', inquit, 'periculum ad nos pertinere', dixi hunc quoque videri adgnovisse: plane si solum monuit filium, non videtur agnita.

D. 27. 7. 1pr. Pomponius 17 ad sab.

Quamvis heres tutoris tutor non est, tamen ea quae per defunctum

D. 27, 3, 4pr.　保罗:《萨宾评注》第 8 卷

如果监护未终止,不能提起监护之诉。监护不仅因被监护人成为适婚人而终止,并且因监护人或者被监护人死亡而终止。

D. 27, 3, 1pr.　乌尔比安:《告示评注》第 36 卷

在这个诉讼中,监护人应当对他做了不应当做的事或者未做他应当做的事做出解释。他要对自己的故意、过失和未勤谨监护承担责任。

D. 27, 3, 1, 3　乌尔比安:《告示评注》第 36 卷

监护人的职责还涉及其管理财产的账目。其要将账目交给被监护人。如果其既不编制也不展示这些账目,将在监护之诉中被追究责任。同样,我们还认为,有关奴隶问题的审理以及刑事侦察也是法官的职责。因为,塞维鲁皇帝下谕令道:如果既不是以清点的方式,也不是以做账目的方式交给被监护人,法官可采用下述补救措施,即要求曾对被监护人财产进行做账的奴隶们提交账目。如果监护人们认为奴隶们是非诚信地进行做账,奴隶也可在刑事侦察中被讯问。

D. 26, 1, 7　乌尔比安:《争辩集》第 2 卷

当家子被裁判官指定为监护人时,如果家父知道这一监护,则应当承担连带责任(in solidum debet teneri);如果不知道这一监护,那么父亲仅以儿子的特有产承担责任。知道是指或亲自进行监护,或对儿子进行的监护活动给予赞同,或以某种方式参与监护事宜。因此,如果给家子写道“你要认真地进行监护,你知道我们要承担的风险”,我认为这种情形表明父亲是知道的。相反,如果是儿子单独所为,父亲只是给儿子以建议和劝告,不认为是知道。

D. 27, 7, 1pr.　彭波尼:《萨宾评注》第 17 卷

无论如何,监护人的继承人不是监护人,但是,如果继承

2. De tutela et de cura

inchoata sunt per heredem, si legitimae aetatis et masculus sit, explican debent: in quibus dolus eius admitti potest.

2. 9 De cura ceterarum personarum

(D. 27. 10)

D. 27. 10. 1pr. Ulpianus 1 ad sab.

Lege duodecim tabularum prodigo interdicitur bonorum suorum administratio, quod moribus quidem ab initio introductum est. sed solent hodie praetores vel praesides, si talem hominem invenerint, qui neque tempus neque finem expensarum habet, sed bona sua dilacerando et dissipando profudit, curatorem ei dare exemplo furiosi: et tamdiu erunt ambo in curatione, quamdiu vel furiosus sanitatem vel ille sanos mores receperit: quod si evenerit, ipso iure desinunt esse in potestate curatorum.

D. 27. 10. 1. 1 Ulpianus 1 ad sab.

Curatio autem eius, cui bonis interdicitur, filio negabatur permittenda: sed extat divi pii rescriptum filio potius curationem permittendam in patre furioso, si tam probus sit.

D. 27. 10. 2 Paulas 1 de off. procons.

Sed et aliis dabit proconsul curatores, qui rebus suis superesse non possunt, vel dari iubebit, nec dubitabit filium quoque patri curatorem dari.

D. 27. 10. 3 Ulpianus 31 ad sab.

Dum deliberant heredes instituti adire, bonis a praetore curator datur.

人达到法定年龄并且是男性，那么，对已故者已开始进行的事情，他应予完成。在这种情况下，他亦能够对他的诈欺行为承担责任。

2.9　对未适婚人以外的其他人的保佐
（D. 27, 10）

D. 27, 10, 1pr.　乌尔比安:《萨宾评注》第 1 卷

根据《十二表法》的规定，禁止浪费人（prodigus）管理自己的财产。这是根据惯例而引进的一项原则。不过，现在裁判官们或行省总督们如果发现一个人随时地无节制地挥霍他的财产，破坏性地滥用他的财产，那么，要参照精神病人的例子给该人指定保佐人。精神病人和浪费人直到或是精神病治愈或是恢复了良好的习惯为止，始终处于被保佐状态中。但是，当他们治愈了精神病或是有了良好的习惯时，则被保佐状态直接依法终止。

D. 27, 10, 1, 1　乌尔比安:《萨宾评注》第 1 卷

但是，禁止将不得管理自己财产的人的财产管理权转给儿子。然而，皮乌斯皇帝的一个谕令谈道:对于患精神病的父亲而言，如果儿子是个品德好的人，该财产管理权转给儿子。

D. 27, 10, 2　保罗:《论行省总督的职责》第 1 卷

但是，行省总督要给其他不能管理自己财产的人指定保佐人，或者命令给予指定。无疑，儿子也可被指定为父亲的保佐人。

D. 27, 10, 3　乌尔比安:《萨宾评注》第 31 卷

当被指定的继承人决定接受继承时，裁判官要给其指定一名财产保佐人。

D. 27. 10. 4   Ulpianus 38 ad sab.

Furiosae matris curatio ad filium pertinet: pietas enim parentibus, etsi inaequalis est eorum potestas, aequa debebitur.

D. 27. 10. 14   Papinianus 5 resp.

Virum uxori mente captae curatorem dari non oportet.

D. 27. 10. 8   Ulpianus 6 de off. procons.

Bonorum ventris nomine curatorem dari oportet eumque rem salvam fore viri boni arbitratu satisdare proconsul iubet: sed hoc, si non ex inquisitione detur: nam si ex inquisitione, cessat satisdatio.

D. 27. 10. 15pr.   Paulus 3 sent.

Et mulieri, quae luxuriose vivit, bonis interdici potest.

D. 27. 10. 7pr.   Iulianus 21 dig.

Consilio et opera curatoris tueri debet non solum patrimonium, sed et corpus ac salus furiosi.

D. 27. 10. 13   Gaius 3 ad ed. provinc.

Saepe ad alium e lege duodecim tabularum curatio furiosi aut prodigi pertinet, alii praetor administrationem dat, scilicet cum ille legitimus inhabilis ad eam rem videatur.

D. 27, 10, 4　乌尔比安:《萨宾评注》第 38 卷

对精神失常的母亲的监护由儿子承担。因为，即使父母的权利是不同的，但是他对父母的孝敬应是相同的。

D. 27, 10, 14　帕比尼安:《解答集》第 5 卷

丈夫不应当做有精神病的妻子的保佐人。

D. 27, 10, 8　乌尔比安:《论行省总督的职责》第 6 卷

行省总督指定一名保佐人。该保佐人要为他尚未出世的孩子管理财产。总督要命令他做出对被保佐人的财产进行保护的允诺，而且命令他就像一个有智慧的人一样地管理财产。如果他是在调查之后被指定的，他不必做出允诺；相反，如果他是未经调查而被指定的，则必须做出允诺。

D. 27, 10, 15pr.　保罗:《判决集》第 3 卷

生活奢侈的妻子可以被禁止管理其财产。

D. 27, 10, 7pr.　尤里安:《学说汇纂》第 21 卷

保佐人的职责不仅应当是保护财产，而且还要照顾被保佐人的身体和精神病人的健康。

D. 27, 10, 13　盖尤斯:《行省告示评注》第 3 卷

依《十二表法》的规定，精神病人或浪费人的保佐权赋予了某一个人，但是裁判官也可指定另一个人对被保佐人的财产给予管理，即当依《十二表法》指定的保佐人被认为不适宜管理财产时，由裁判官另外指定一个人进行管理。

3. De negotiis eorum qui in aliena potestate sunt

3. 1 De obligationibus a personis alieni iuris contractis
(D. 5. 1 ; D. 9. 4 ; D. 15. 1 ; D. 44. 7)

D. 15. 1. 1. 5 Ulpianus 29 ad ed.

Potestatis verbum communiter accipiendum est tam in filio quam in servo.

D. 44. 7. 39 Gaius 3 ad ed. provinc.

Filius familias ex omnibus causis tamquam pater familias obligatur et ob id agi cum eo tamquam cum patre familias potest.

D. 5. 1. 57 Ulpianus 41 ad sab.

Tam ex contractibus quam ex delictis in filium familias competit actio: sed mortuo filio post litis contestationem transfertur iudicium in patrem dumtaxat de peculio et quod in rem eius versum est. certe si quasi procurator alicuius filius familias iudicium acceperit, mortuo eo in eum quem defenderit transactio vel iudicati datur.

D. 9. 4. 35 Ulpianus 41 ad sab.

Et si condemnatus fuerit, filius iudicatum facere debet: tenet enim condemnatio. quin immo etiam illud dicendum est patrem quoque post condemnationem filii dumtaxat de peculio posse conveniri.

3. 他权人的法律活动

3.1 涉及他权人的责任能力
（D. 5, 1；D. 9, 4；D. 15, 1；D. 44, 7）

D. 15, 1, 1, 5　乌尔比安:《告示评注》第 29 卷

支配权（potestas）一词被认为应当共同适用于家子和奴隶。

D. 44, 7, 39　盖尤斯:《行省告示评注》第 3 卷

家子如同家父一样，可以承担所有的债务，为此，可以如同起诉家父一样地起诉家子。

D. 5, 1, 57　乌尔比安:《萨宾评注》第 41 卷

对家子既可基于契约又可基于私犯而提起诉讼。但是，在争讼阶段开始后，儿子去世，该诉讼的裁决要转由父亲承担。父亲只在儿子的特有产和将父亲的财产返还于特有产之中的财产范围内承担责任。显然，如果一名家子作为他人的代理人（procurator），他参与争讼阶段后去世，该诉讼要重新安排或交由被代理人进行。

D. 9, 4, 35　乌尔比安:《萨宾评注》第 41 卷

如果儿子被判处罚，他应当执行判决。因为，他被判了处罚。但是，还应认为：在儿子被判处罚后，父亲也可承担责任，但仅限于他的特有产范围内。

3. De negotiis eorum qui in aliena potestate sunt

D. 15. 1. 3. 11   Ulpianus 29 ad ed.

Idem scribit iudicati quoque patrem de peculio actione teneri, quod et Marcellus putat, etiam eius actionis nomine, ex qua non potuit pater de peculio actionem pati: nam sicut in stipulatione contrahitur cum filio, ita iudicio contrahi: proinde non originem iudicii spectandam, sed ipsam iudicati velut obligationem. quare et si quasi defensor condemnatus sit, idem putat.

D. 15. 1. 41   Ulpianus 43 ad sab.

Nec servus quicquam debere potest nec servo potest deberi, sed cum eo verbo abutimur, factum magis demonstramus quam ad ius civile referimus obligationem. itaque quod servo debetur, ab extraneis dominus recte petet, quod servus ipse debet, eo nomine in peculium et si quid inde in rem domini versum est in dominum actio datur.

3. 2   De actione institoria

(D. 14. 3)

D. 14. 3. 5pr.   Ulpianus 28 ad ed.

Cuicumque igitur negotio praepositus sit, institor recte appellabitur.

D. 15, 1, 3, 11　乌尔比安:《告示评注》第 29 卷

帕比尼安 ① 写道：当儿子不履行已决案的义务时，父亲要根据特有产之诉承担责任。马尔切勒也主张这一观点。他们还指出：这一原则也适用于家父应被提起特有产之诉的情况。因此，如同与家子缔结要式口约一样，家子亦可被提起诉讼，但是应当看到这不是审判的开始，而是作为已决案的同一项义务。因此，帕比尼安还举例道：如果辩护人被提起特有产之诉，将适用上述规定。在这种情况下，为了对父亲提起特有产之诉，要考虑的不是案件的审理而是已决案的结果。因为，如果儿子不愿承担判决的义务，父亲作为审理案件时的儿子的代理人，要在特有产的范围内承担责任。

D. 15, 1, 41　乌尔比安:《萨宾评注》第 43 卷

奴隶既不能对他人承担责任，他人也不应对奴隶承担责任。但是，当我们涉及市民法的债务时，我们认为上述表述并不恰当。因此，主人可向他人提出他人对奴隶履行的债务应向主人履行之诉，而他对奴隶也要承担责任。相反，当奴隶要对他人履行债务时，他人可对主人提出特有产之诉，或者提起给主人的财产重新返还于特有产之诉。

3.2　总管之诉
（D. 14, 3）

D. 14, 3, 5pr.　乌尔比安:《告示评注》第 28 卷

被指定管理任何商行的人，都宜被称为总管（institor）。

---

① 　3 世纪法学家。——译者

3. De negotiis eorum qui in aliena potestate sunt

D. 14. 3. 5. 1 Ulpianus 28 ad ed.

Nam et Servius libro primo Ad Brutum ait, si quid cum insulario gestum sit vel eo, quem quis aedificio praeposuit vel frumento coemendo, in solidum eum teneri.

D. 14. 3. 5. 2 Ulpianus 28 ad ed.

Labeo quoque scripsit, si quis pecuniis faenerandis, agris colendis, mercaturis redempturisque faciendis praeposuerit, in solidum eum teneri.

D. 14. 3. 5. 3 Ulpianus 28 ad ed.

Sed et si in mensa habuit quis servum praepositum, nomine eius tenebitur.

D. 14. 3. 5. 11 Ulpianus 28 ad ed.

Non tamen omne, quod cum institore geritur, obligat eum qui praeposuit, sed ita, si eius rei gratia, cui praepositus fuerit, contractum est, id est dumtaxat ad id quod eum praeposuit.

D. 14. 3. 5. 12 Ulpianus 28 ad ed.

Proinde si praeposui ad mercium distractionem, tenebor nomine eius ex empto actione: item si forte ad emendum eum praeposuero, tenebor dumtaxat ex vendito: sed neque si ad emendum, et ille vendiderit, neque si ad vendendum, et ille emerit, debebit teneri, idque Cassius probat.

D. 14. 3. 7. 1 Ulpianus 28 ad ed.

Parvi autem refert, quis sit institor, masculus an femina, liber an servus proprius vel alienus. item quisquis praeposuit: nam et si mulier praeposuit, competet institoria exemplo exercitoriae actionis et si mulier sit praeposita, tenebitur etiam ipsa. sed et si filia familias sit vel ancilla praeposita, competit institoria actio.

3. 他权人的法律活动

D. 14, 3, 5, 1　乌尔比安:《告示评注》第 28 卷

塞尔维乌斯在《致布鲁图斯》一书中也谈道,如果一个人与被指定为建筑房屋的人,或者一个被指定管理房屋的人,或者一个被指定买卖谷物的人缔结契约,指定人要承担全部的责任。

D. 14, 3, 5, 2　乌尔比安:《告示评注》第 28 卷

拉贝奥也写道:当某人指定他人对高利贷、田地耕种、买卖谷物进行管理时,该某人也要承担全部的责任。

D. 14, 3, 5, 3　乌尔比安:《告示评注》第 28 卷

尽管他指定一名奴隶管理钱庄,也被认为他要对奴隶的所做所为承担责任。

D. 14, 3, 5, 11　乌尔比安:《告示评注》第 28 卷

但是,指定总管的人并不均对由总管缔结的契约承担责任。实际上,他仅就被指定的人在管理活动范围内的行为承担责任。

D. 14, 3, 5, 12　乌尔比安:《告示评注》第 28 卷

因此,当我指定总管进行商品出售时,我根据买卖之诉仅对商品的出售承担责任。同样,如果我指定总管只是为了进行购买行为,则我仅仅对购买行为承担责任。但是,如果总管进行的是购买行为而我指定他是为了进行出售行为,或者总管进行的是出售行为而我指定他是为了进行购买行为,那么对他的行为我不承担责任。卡修斯也赞成这一看法。

D. 14, 3, 7, 1　乌尔比安:《告示评注》第 28 卷

作为总管,该人是男性还是女性,是自由人还是奴隶,是自己的奴隶还是他人的奴隶,这些都不重要。同样,谁指定总管也不重要。为此,如果一名女性指定总管,可对她提起诸如船东之诉一类的总管之诉。如果一名女性曾被指定为总管,则她也要承担责任。如果一名家女或者一个女性奴隶曾被指定为总管,则他人也可对她的家父或者她的主人提起总管之诉。

3. De negotiis eorum qui in aliena potestate sunt

D. 14. 3. 11. 3   Ulpianus 28 ad ed.

Proscribere palam sic accipimus claris litteris, unde de plano recte
legi possit, ante tabernam scilicet vel ante eum locum in quo negotiatio
exercetur, non in loco remoto, sed in evidenti. litteris utrum Graecis
an latinis? puto secundum loci condicionem, ne quis causari possit
ignorantiam litterarum. certe si quis dicat ignorasse se litteras vel non
observasse quod propositum erat, cum multi legerent cumque palam
esset propositum, non audietur.

D. 14. 3. 11. 4   Ulpianus 28 ad ed.

Proscriptum autem perpetuo esse oportet: ceterum si per id
temporis, quo propositum non erat, vel obscurata proscriptione
contractum sit, institoria locum habebit. proinde si dominus quidem
mercis proscripsisset, alius autem sustulit aut vetustate vel pluvia vel quo
simili contingit, ne proscriptum esset vel non pareret, dicendum eum qui
praeposuit teneri. sed si ipse institor decipiendi mei causa detraxit, dolus
ipsius praeponenti nocere debet, nisi particeps doli fuerit qui contraxit.

D. 14. 3. 11. 5   Ulpianus 28 ad ed.

Condicio autem praepositionis servanda est: quid enim si certa lege
vel interventu cuiusdam personae vel sub pignore voluit cum eo contrahi
vel ad certam rem? aequissimum erit id servari, in quo praepositus est.
item si plures habuit institores, vel cum omnibus simul contrahi voluit
vel cum uno solo. sed et si denuntiavit cui, ne cum eo contraheret, non
debet institoria teneri: nam et certam personam possumus prohibere
contrahere vel certum genus hominum vel negotiatorum, vel certis
hominibus permittere. sed si alias cum alio contrahi vetuit continua

D. 14, 3, 11, 3　乌尔比安:《告示评注》第 28 卷

我们认为，公布 ① 是指以清晰的文字写成一个启事，能极易使人阅读，该启事要张贴在店铺前或者进行贸易活动的地方，该处应非为偏僻之处，而是明显的地方。书写的文字是用希腊文还是拉丁文？我认为，应依地区而定，这样人们便没有了不懂语言的借口。显然，当大家都能看懂张贴在明显地方的启事时，如果有人说他自己不懂或者不能阅读启事上的文字，则不可信之。

D. 14, 3, 11, 4　乌尔比安:《告示评注》第 28 卷

公布应当是持续性的。因为，如果契约的缔结是在启事没有被公布时或者公布的内容被遮盖的情况下，可提起总管之诉。因此，货物的主人张贴了启事，其他的人摘去了它，或者因为破旧、下雨，或者因为类似的情况使启事不存在或者不能辨认，也应当认为可对指定人提起总管之诉。但是，如果总管本人基于诈欺而摘去了启事，他的恶意被认为损害了指定人的利益，除非第三人也恶意地与之缔结契约。

D. 14, 3, 11, 5　乌尔比安:《告示评注》第 28 卷

指定总管的条件不能任意改变。因为，我们考虑，如果有人在指定总管的条件中规定：总管只能遵守一定的条件，或者通过某人的介入，或者接受抵押，或者针对某一个特定物才与他缔结契约。那么，遵守上述规定是十分正确的。同样，有人指定多个总管时，无论希望同所有的总管一起缔结契约，或者仅同其中一人缔约，即使指定人禁止总管与某人订约而不能提起总管之诉，同样适用上述规定。因为，我们能够阻却与某一个人或者某些特定的商人缔约，我们也能够允许与某一个人缔约。但是，如果指

---

① 指定总管要以成文方式告知众人。——译者

variatione, danda est omnibus adversus eum actio: neque enim decipi debent contrahentes.

3. 3　De actione tributoria
（D. 14. 4）

D. 14. 4. 1. 1　Ulpianus 29 ad ed.

Licet mercis appellatio angustior sit, ut neque ad servos fullones vel sarcinatores vel textores vel venaliciarios pertineat, tamen Pedius libro quinto decimo scribit ad omnes negotiationes porrigendum edictum.

D. 14. 4. 1. 2　Ulpianus 29 ad ed.

Peculiarem autem mercem non sic uti peculium accipimus, quippe peculium deducto quod debetur accipitur, merx peculiaris, etiamsi nihil sit in peculio, dominum tributoria obligat, ita demum si sciente eo negotiabitur.

D. 14. 4. 1. 3　Ulpianus 29 ad ed.

Scientiam hic eam accipimus, quae habet et voluntatem, sed ut ego puto, non voluntatem, sed patientiam: non enim velle debet dominus, sed non nolle. si igitur scit et non protestatur et contra dicit, tenebitur actione tributoria.

定人不停地改变指定的内容和被允许缔约的人，则允许对他提起总管之诉。缔约者们不应当被诈欺。

3.3 分摊之诉
（D. 14, 4）

D. 14, 4, 1, 1　乌尔比安:《告示评注》第 29 卷

在该《告示》中，"用于经营商行的特有产"是较为狭义的，因为它不涉及奴隶印染匠、奴隶缝纫工、奴隶编织工，或者奴隶贩子。正如贝蒂[①]在第 15 卷中所写的一样，该《告示》应当扩大适用于每一个贸易活动。

D. 14, 4, 1, 2　乌尔比安:《告示评注》第 29 卷

我们不认为用于经营商行的特有产等同于特有产。因为，特有产被认为是应将欠主人的债务扣除之后的财产。但是，即使在特有产中没有任何的用于经营商行的特有产，根据分摊之诉，主人也要承担责任。不过只有在他知道进行了贸易活动的情况下。

D. 14, 4, 1, 3　乌尔比安:《告示评注》第 29 卷

我们认为，"知道"包括表示同意在内。但是，不仅有表示同意明示，而且还有默认。因为主人不仅应是表示同意，而且还可以不表示不同意。当存在这一情况时，无论是主人知道而不拒绝承担责任，或者是知道而不表示反对，都要根据分摊之诉承担责任。

[①]　1 世纪法学家。——译者

3. De negotiis eorum qui in aliena potestate sunt

D. 14. 4. 1. 4   Ulpianus 29 ad ed.

Potestatis verbum ad omnem sexum, item ad omnes, qui sunt alieno iuri subiecti, porrigendum erit.

D. 14. 4. 1. 5   Ulpianus 29 ad ed.

Non solum ad servos pertinebit tributoria actio, verum ad eos quoque, qui nobis bona fide serviunt, sive liberi sive servi alieni sunt, vel in quibus usum fructum habemus.

D. 14. 4. 9. 1   Ulpianus 29 ad ed.

Eligere quis debet, qua actione experiatur, utrum de peculio an tributoria, cum scit sibi regressum ad aliam non futurum. plane si quis velit ex alia causa tributoria agere, ex alia causa de peculio, audiendus erit.

D. 14. 4. 11   Gaius 9 ad ed. provinc.

Aliquando etiam agentibus expedit potius de peculio agere quam tributoria: nam in hac actione de qua loquimur hoc solum in divisionem venit, quod in mercibus est quibus negotiatur quodque eo nomine receptum est: at in actione de peculio totius peculii quantitas spectatur, in quo et merces continentur. et fieri potest, ut dimidia forte parte peculii aut tertia vel etiam minore negotietur: fieri praeterea potest, ut patri dominove nihil debeat.

D. 14, 4, 1, 4　乌尔比安:《告示评注》第 29 卷

"支配权"一词适用于所有性别的人,同样,也适用于处于他人权力之下的所有性别的人。

D. 14, 4, 1, 5　乌尔比安:《告示评注》第 29 卷

分摊之诉不仅涉及奴隶,而且涉及那些为我们服务的诚实信用之人,无论他们是自由人还是他人之奴或者我们对这些人有用益权。

D. 14, 4, 9, 1　乌尔比安:《告示评注》第 29 卷

一个人应当选择他希望提起的诉讼,只要该诉讼或是特有产之诉或是分摊之诉。因为,提起前者就不能提起后者,或是相反。无疑,当某人希望对一件事提起分摊之诉而对另一件事提起特有产之诉时,应当同意之。

D. 14, 4, 11　盖尤斯:《行省告示评注》第 9 卷

有时提起特有产之诉比提起分摊之诉更有利于原告。因为,在我们谈过的分摊之诉中那些多余的言词被剔除了出去。而这些多余的言词在商业中为了进行贸易活动而存在着。在特有产之诉中要考虑全部的特有产。在特有产中还要包括分配的用于经营商行的特有产和增加的用于经营商行的特有产的一切财产,而且能够以特有产的一半或是三分之一,或者更少的数量作为用于经营商行的特有产,或者还可能发生父亲或主人对子女或奴隶的特有产没有任何债权的情况。

3. 4　De peculio
(D. 15. 1/2 ; D. 39. 5)

D. 15. 1. 1pr.　Ulpianus 29 ad ed.

Ordinarium praetor arbitratus est prius eos contractus exponere eorum qui alienae potestati subiecti sunt, qui in solidum tribuunt actionem, sic deinde ad hunc pervenire, ubi de peculio datur actio.

D. 15. 1. 1. 1　Ulpianus 29 ad ed.

Est autem triplex hoc edictum: aut enim de peculio aut de in rem verso aut quod iussu hinc oritur actio.

D. 15. 1. 1. 2　Ulpianus 29 ad ed.

Verba autem edicti talia sunt: 'Quod cum eo, qui in alterius potestate esset, negotium gestum erit'.

D. 15. 1. 1. 3　Ulpianus 29 ad ed.

De eo loquitur, non de ea: sed tamen et ob eam quae est feminini sexus dabitur ex hoc edicto actio.

D. 15. 1. 1. 4　Ulpianus 29 ad ed.

Si cum impubere filio familias vel servo contractum sit, ita dabitur in dominum vel patrem de peculio, si locupletius eorum peculium factum est.

D. 15. 1. 5. 3　Ulpianus 29 ad ed.

Peculium dictum est quasi pusilla pecunia sive patrimonium pusillum.

3.4 特有产

（D. 15, 1/2；D. 39, 5）

D. 15, 1, 1pr.　乌尔比安:《告示评注》第 29 卷

裁判官在其《告示》中决定遵守这一顺序：首先在《告示》中公布由处于他人权力之下的人订立的产生连带责任并对父亲或者主人提起特有产之诉的契约，而后马上公布产生特有产之诉的那部分内容。

D. 15, 1, 1, 1　乌尔比安:《告示评注》第 29 卷

这一《告示》分为三个方面，因此而产生：或特有产之诉，或给家父或主人的财产返还于特有产之诉，或基于主人或家父命令之诉。

D. 15, 1, 1, 2　乌尔比安:《告示评注》第 29 卷

《告示》的词句是："因为该经营行为是由处于他人权力之下的人所进行（Quod cum eo, qui in alterius potestate esset, negotium gestum erit）。"

D. 15, 1, 1, 3　乌尔比安:《告示评注》第 29 卷

《告示》所讲的他是男性者而不是女性的她，但是，基于该《告示》，对处于他人权力之下的女性所进行的行为也可提起诉讼。

D. 15, 1, 1, 4　乌尔比安:《告示评注》第 29 卷

如果有人同未适婚的家子或者奴隶缔结契约使得他的特有产得到扩大，则主人或者家父被可以提起"特有产之诉"。

D. 15, 1, 5, 3　乌尔比安:《告示评注》第 29 卷

特有产曾是指像少量的现金或少量的财产等一类的东西。

3. De negotiis eorum qui in aliena potestate sunt

D. 15. 1. 5. 4   Ulpianus 29 ad ed.

Peculium autem Tubero quidem sic definit, ut celsus libro sexto digestorum refert, quod servus domini permissu separatum a rationibus dominicis habet, deducto inde si quid domino debetur.

D. 15. 1. 6   Celsus 6 dig.

Definitio peculii quam Tubero exposuit, ut Labeo ait, ad vicariorum peculia non pertinet, quod falsum est: nam eo ipso, quod dominus servo peculium constituit, etiam vicario constituisse existimandus est.

D. 15. 1. 7. 4   Ulpianus 29 ad ed.

In peculio autem res esse possunt omnes et mobiles et soli: vicarios quoque in peculio potest habere et vicariorum peculium: hoc amplius et nomina debitorum.

D. 15. 1. 7. 5   Ulpianus 29 ad ed.

Sed et si quid furti actione servo deberetur vel alia actione, in peculium computabitur: hereditas quoque et legatum, ut Labeo ait.

D. 15. 1. 7. 6   Ulpianus 29 ad ed.

Sed et id quod dominus sibi debet in peculium habebit, si forte in domini rationem impendit et dominus ei debitor manere voluit aut si debitorem eius dominus convenit. quare si forte ex servi emptione evictionis nomine duplum dominus exegit, in peculium servi erit conversum, nisi forte dominus eo proposito fuit, ut nollet hoc esse in peculium servi.

3. 他权人的法律活动

D. 15, 1, 5, 4　乌尔比安:《告示评注》第 29 卷

正如杰尔苏在《学说汇纂》第 6 卷中表述的那样，杜贝罗 ①
是这样给特有产下定义的：特有产是指奴隶经主人准许所拥有
的、独立于主人财产之外的、扣除他对主人所负的债务的那部分
财产。

D. 15, 1, 6　杰尔苏:《学说汇纂》第 6 卷

按照拉贝奥所述，杜贝罗给特有产下的定义，不涉及特有产
中的奴隶的特有产。这是错误的。因为如同主人给一个奴隶设置
了特有产一样，他也可以为该奴隶的特有产中的奴隶另外设置特
有产。

D. 15, 1, 7, 4　乌尔比安:《告示评注》第 29 卷

在特有产中可以有全部类型的物品，无论是动产还是土地。
同样，在特有产中还可以有特有产中的奴隶、特有产中的奴隶的
特有产以及债权。

D. 15, 1, 7, 5　乌尔比安:《告示评注》第 29 卷

依拉贝奥的看法，根据对奴隶提起的盗窃之诉或者其他的诉
讼，给奴隶的财产要纳入到特有产范围内，遗产和遗赠也要纳入
特有产之中。

D. 15, 1, 7, 6　乌尔比安:《告示评注》第 29 卷

但是，主人要将［奴隶］也纳入到特有产之中，只要主人
决定保持对奴隶的债务，或者主人同意奴隶为债务人。因此，例
如，当主人对奴隶享有追索权时，主人可获得双倍的赔偿，除非
主人不愿意这样做。

---

① 公元前 1 世纪法学家。——译者

3. De negotiis eorum qui in aliena potestate sunt

D. 15. 1. 7. 7   Ulpianus 29 ad ed.

Sed et si quid ei conservus debet, erit peculii, si modo ille habeat peculium vel prout habebit.

D. 15. 1. 8   Paulus 4 ad sab.

Non statim quod dominus voluit ex re sua peculii esse, peculium fecit, sed si tradidit aut, cum apud eum esset, pro tradito habuit: desiderat enim res naturalem dationem. contra autem simul atque noluit, peculium servi desinit peculium esse.

D. 15. 1. 9. 2   Ulpianus 29 ad ed.

Peculium autem deducto quod domino debetur computandum esse, quia praevenisse dominus et cum servo suo egisse creditur.

D. 15. 1. 9. 3   Ulpianus 29 ad ed.

Huic definitioni Servius adiecit et si quid his debeatur qui sunt in eius potestate, quoniam hoc quoque domino deberi nemo ambigit.

D. 15. 1. 9. 6   Ulpianus 29 ad ed.

Sive autem ex contractu quid domino debeat sive ex rationum reliquis, deducet dominus. sed et si ex delicto ei debeat, ut puta ob furtum quod fecit, aeque deducetur. sed est quaestionis, utrum ipsa furti aestimatio, id est id solum quod domino abest, an vero tantum, quantum, si alienus servus commisisset, id est cum furti poenis? sed prior sententia verior est, ut ipsa furti aestimatio sola deducatur.

D. 15. 1. 21pr.   Ulpianus 29 ad ed.

Summa cum ratione etiam hoc peculio praetor imputavit, quod dolo malo domini factum est, quo minus in peculio esset. sed dolum

D. 15, 1, 7, 7　乌尔比安:《告示评注》第 29 卷

当同一主人的一个奴隶要向另一个有特有产的奴隶履行债务时,这也要纳入第二个奴隶的特有产中,只要第一个奴隶也有自己的特有产即可。

D. 15, 1, 8　乌尔比安:《萨宾评注》第 4 卷

当主人希望以他的财产的某一部分构成奴隶特有产时,它并非立即变成特有产。它只能通过实际交付或者象征性交付变成特有产。因为物品需要具体交付。与之相反,当主人不再希望奴隶有特有产时,则奴隶的特有产便不再存在。

D. 15, 1, 9, 2　乌尔比安:《告示评注》第 29 卷

特有产的估算要扣除应给主人的财产,因为人们认为主人对他的奴隶提起诉讼是有优先权的。

D. 15, 1, 9, 3　乌尔比安:《告示评注》第 29 卷

对上述定义,塞尔维乌斯补充道:也要扣除奴隶欠给处于他的主人的支配权下的人的债务,因为就这些东西亦属于主人这一点没有人会发生疑问。

D. 15, 1, 9, 6　乌尔比安:《告示评注》第 29 卷

无论是根据契约还有根据其他原因应给主人的财产,主人均给予扣除。即使根据私犯而承担的债务,例如盗窃,同样要给予扣除。但是,这存在着一个问题:是否仅就被盗之物的价值承担责任,即仅仅恢复主人被盗之物的价值,或者就像一个他人的奴隶行窃一样,是否要给其附加偷盗之刑罚? 不过,第一种观点更为正确,即扣除的仅仅是被盗物的价值。

D. 15, 1, 21pr.　乌尔比安:《告示评注》第 29 卷

对于主人恶意地从特有产中掠走的财产,裁判官有充分的理由要将其放入到特有产范围内。当主人掠走特有产时,我们应当认定

malum accipere debemus, si ei ademit peculium: sed et si eum intricare peculium in necem creditorum passus est, Mela scribit dolo malo eius factum. sed et si quis, cum suspicaretur alium secum acturum, alio peculium avertat, dolo non caret. sed si alii solvit, non dubito de hoc, quin non teneatur, quoniam creditori solvitur et licet creditori vigilare ad suum consequendum.

D. 15. 1. 10   Gaius 9 ad ed. provinc.

Si vero adhuc in suspenso est prius iudicium de peculio et ex posteriore iudicio res iudicaretur, nullo modo debet prioris iudicii ratio haberi in posteriore condemnatione, quia in actione de peculio occupantis melior est condicio, occupare autem videtur non qui prior litem contestatus est, sed qui prior ad sententiam iudicis pervenit.

D. 15. 1. 39   Florentinus 11 inst.

Peculium et ex eo consistit, quod parsimonia sua quis paravit vel officio meruerit a quolibet sibi donari idque velut proprium patrimonium servum suum habere quis voluerit.

D. 15. 1. 40pr.   Marcianus 5 reg.

Peculium nascitur crescit decrescit moritur, et ideo eleganter Papirius Fronto dicebat peculium simile esse homini.

D. 15. 1. 40. 1   Marcianus 5 reg.

Quomodo autem peculium nascitur, quaesitum est. et ita veteres distinguunt, si id adquisiit servus quod dominus necesse non habet praestare, id esse peculium, si vero tunicas aut aliquid simile quod ei

他是由于恶意。尽管主人允许奴隶对抗债权人，麦拉 ① 写道：这是基于主人的恶意而发生。当有人怀疑他人会对自己提起特有产之诉因而有意地把特有产转移至他人处时，这也是一种诈欺。但显然，如果主人以特有产履行债务，则在这种情况下，我认为主人不存在诈欺。因为，债务人向债权人履行义务，亦允许债权人对债务人履行债务给予关注。

D. 15, 1, 10　盖尤斯：《行省告示评注》第 9 卷

如果有关特有产的第一个诉讼正在进行中，而案件在涉及同一个特有产的第二个诉讼中被判决，则第二个诉讼不应受第一诉讼的影响，因为，在特有产之诉中，谁先获得裁判官的裁决谁就比没有结束诉讼且未获得裁判官裁决的人有利。

D. 15, 1, 39　佛罗伦汀：《法学阶梯》第 11 卷

特有产还包括由于特有产人的节俭而衍生的财产，或是由于他的职位而得到的赠与报酬，或者有人愿意自己的奴隶有其得以进行管理的财产。

D. 15, 1, 40pr.　马尔西安：《规则集》第 5 卷

特有产产生着、增加着、减少着、消失着，正如帕皮流斯·佛伦托 ② 说过的那样：特有产类似于人类（peculium simile esse homini）。

D. 15, 1, 40, 1　马尔西安：《规则集》第 5 卷

有人问道：特有产是如何产生的？古代法学家们是这样划分的：奴隶获得的主人不需要提供给他的东西，这就是特有产；如果主人将应给的如罗马人穿的衣服或类似的物品提供给奴隶，那

---

① 公元前 1 世纪法学家。——译者
② 同上。

dominus necesse habet praestare, non esse peculium. ita igitur nascitur peculium: crescit, cum auctum fuerit: decrescit, cum servi vicarii moriuntur, res intercidunt: moritur, cum ademptum sit.

D. 15. 1. 42   Ulpianus 12 ad ed.

In adrogatorem de peculio actionem dandam quidam recte putant, quamvis Sabinus et Cassius ex ante gesto de peculio actionem non esse dandam existimant.

D. 15. 2. 1pr.   Ulpianus 29 ad ed.

Praetor ait: 'Post mortem eius qui in alterius potestate fuerit, posteave quam is emancipatus manumissus alienatusve fuerit, dumtaxat de peculio et si quid dolo malo eius in cuius potestate est factum erit, quo minus peculii esset, in anno, quo primum de ea re experiundi potestas erit, iudicium dabo'.

D. 39. 5. 7pr.   Ulpianus 32 ad sab.

Filius familias donare non potest, neque si liberam peculii administratio, ut perdat.

3. 5   De eo quod in rem patris versum est

(D. 15. 3)

D. 15. 3. 1pr.   Ulpianus 29 ad ed.

Si hi qui in potestate aliena sunt nihil in peculio habent, vel habeant, non in solidum tamen, tenentur qui eos habent in potestate, si in rem eorum quod acceptum est conversum sit, quasi cum ipsis potius

么它们不属于特有产。特有产便是如此产生的。当特有产增多时便是增加。当特有产中的奴隶去世或者物品损毁时，特有产减少。当主人将特有产收回时则是特有产的消失。

D. 15, 1, 42　乌尔比安:《告示评注》第 12 卷

一些人颇有道理地认为：对收养自权人的人可提起特有产之诉，而萨宾和卡修斯认为，对于收养自权人的人在收养以前所为的行为，不可以提起特有产之诉。

D. 15, 2, 1pr.　乌尔比安:《告示评注》第 29 卷

裁判官曰："在处于他人支配权下的人去世后，抑或儿子脱离父权或奴隶被解放或者被卖给他人之后，如果由于对他们享有支配权的人的恶意而发生特有产的减少，我允许对他提出一年时效期的特有产之诉，从第一次发现他有恶意行为时起算。"

D. 39, 5, 7pr.　乌尔比安:《萨宾评注》第 44 卷

尽管家子有特有产的自由管理权，但他不能赠与之。因为给儿子特有产的自由管理权不是为了让他将特有产浪费掉。

3.5　给主人或家父的财产返还于特有产之诉

（D. 15, 3）

D. 15, 3, 1pr.　乌尔比安:《告示评注》第 29 卷

如果处于他人支配权下的人们只有空虚特有产[①]，或者他们只有很少的特有产，因为他们将特有产的全部或者一部分放入了主人或者父亲的财产中，如同与他们订立了契约一样，但主人或

---

① 即只有其名而无其实物的特有产。——译者

contractum videatur.

D. 15. 3. 1. 1   Ulpianus 29 ad ed.

Nec videtur frustra de in rem verso actio promissa, quasi sufficeret de peculio: rectissime enim Labeo dicit fieri posse, ut et in rem versum sit et cesset de peculio actio. quid enim si dominus peculium ademit sine dolo malo? quid si morte servi exstinctum est peculium et annus utilis praeteriit? de in rem verso namque actio perpetua est et locum habet, sive ademit sine dolo malo sive actio de peculio anno finita est.

D. 15. 3. 3. 2   Ulpianus 29 ad ed.

Et regulariter dicimus totiens de in rem verso esse actionem, quibus casibus procurator mandati vel qui negotia gessit negotiorum gestorum haberet actionem quotiensque aliquid consumpsit servus, ut aut meliorem rem dominus habuerit aut non deteriorem.

D. 15. 3. 12   Gaius 9 ad ed. provinc.

Si fundum patri dominove emit servus vel filius familias, versum quidem esse videtur, ita tamen, ut, sive minoris sit, quam est emptus, tantum videatur in rem versum quanti dignus sit, sive pluris sit, non plus videatur in rem versum quam emptus est.

D. 15. 3. 16   Alfenus 2 dig.

Quidam fundum colendum servo suo locavit et boves ei dederat: cum hi boves non essent idonei, iusserat eos venire et his nummis qui recepti essent alios reparari: servus boves vendiderat, alios redemerat, nummos venditori non solverat, postea conturbaverat: qui boves

者父亲并不因此要承担特有产之外的责任。

D. 15, 3, 1, 1　乌尔比安:《告示评注》第 29 卷

在上述情况下，给予提起给主人或家父的财产返还于特有产之诉的诉权是有道理的，因为仅有特有产之诉是不够的。拉贝奥说得很好：当提起特有产之诉不可能时，则提起给主人或家父的财产返还于特有产之诉。有人会问：如果主人非恶意地收回他的奴隶的特有产怎么办？还问：如果奴隶死亡，特有产消失超过一年，一年时效期的特有产之诉不能被提起，怎么办？在这种情况下，无论是没有恶意的收回自己奴隶的特有产，还是超过一年时效期的特有产之诉的期限，给主人或家父的财产返还于特有产之诉却是经常的和没有期限的。

D. 15, 3, 3, 2　乌尔比安:《告示评注》第 29 卷

我们确切地说：给主人或家父的财产返还于特有产之诉适用于可由代理人提起的委托之诉，或者由财产管理人提起的管理财产行为之诉以及每当奴隶消耗了特有产的一部分的情况，至于在该情况中是使主人的财产增加或者不减少则在所不问。

D. 15, 3, 12　盖尤斯:《行省告示评注》第 9 卷

如果奴隶或家子从家父或主人的手中购买了田宅，那么田宅的价值被认为放入了主人或家父的财产中。但是，如果田宅的价值低于购买时的价值，则其实际价值被认为放入了主人或家父的财产中；如果田宅的价值高于购买时的价值，则高出的那部分价值亦被认为要放入主人或家父的财产中。

D. 15, 3, 16　阿尔芬努斯:《学说汇纂》第 2 卷

某人将耕地出租给他的奴隶，并且提供给他一些牛。当这些牛不适宜耕作时，他吩咐将其卖掉，用所得到钱购买其他的牛，但是奴隶卖了不宜耕地的牛又买了新牛后，没有将钱交给新牛

vendiderat nummos a domino petebat actione de peculio aut quod in rem domini versum esset, cum boves pro quibus pecunia peteretur penes dominum essent. respondit non videri peculii quicquam esse, nisi si quid deducto eo, quod servus domino debuisset, reliquum fieret: illud sibi videri boves quidem in rem domini versos esse, sed pro ea re solvisse tantum, quanti priores boves venissent: si quo amplioris pecuniae posteriores boves essent, eius oportere dominum condemnari.

D. 15. 3. 20pr.   Scaevola 1 resp.

Pater pro filia dotem promisit et convenit, ut ipse filiam aleret: non praestante patre filia a viro mutuam pecuniam accepit et mortua est in matrimonio. respondi, si ad ea id quod creditum est erogatum esset, sine quibus aut se tueri aut servos paternos exhibere non posset, dandam de in rem verso utilem actionem.

3. 6   De negotiis contractis iussu patris

(D. 15. 4)

D. 15. 4. 1pr.   Ulpianus 29 ad ed.

Merito ex iussu domini in solidum adversus eum iudicium datur, nam quodammodo cum eo contrahitur qui iubet.

D. 15. 4. 1. 1   Ulpianus 29 ad ed.

Iussum autem accipiendum est, sive testato quis sive per epistulam sive verbis aut per nuntium sive specialiter in uno contractu iusserit sive generaliter: et ideo et si sic contestatus sit: 'Quod voles cum Sticho

的出售人，而是将钱挥霍掉。那么，卖新牛的人将通过特有产之
诉，或者给主人或家父的财产返还于特有产之诉来追索卖牛钱，
因为牛在奴隶的主人处。我回答：这些钱不被认为是特有产，除
非将奴隶对主人所负的债务已扣除，其余的才被认为是特有产。
在这种情况下，可以认为奴隶将牛放入了主人的财产中。主人要
支付的款额与过去卖牛的款相等。如果购新牛的价额要高于不宜
耕地的牛的卖价，主人也要承担差价。

D. 15, 3, 20pr.　斯凯沃拉:《解答集》第 1 卷

父亲对女儿的嫁资做出一个要式口约，并同女儿的丈夫缔
约，允诺承担养活女儿的责任。父亲不履行他的允诺。女儿与丈
夫缔结了一个消费借贷契约，而后，女儿在婚姻存续期间内去
世。在这种情况下，由于她借钱是为了养活自己和父亲的奴隶，
因此她的丈夫可针对她的父亲提起给父亲的财产返还于有益支出
的费用之诉。

3.6　由家父承担的全部责任
（D. 15, 4）

D. 15, 4, 1pr.　乌尔比安:《告示评注》第 29 卷

无疑，根据主人的命令所做之事，主人要承担全部的行为后
果。因为，从一定意义上讲，与谁缔结契约是依命令而为。

D. 15, 4, 1, 1　乌尔比安:《告示评注》第 29 卷

命令应被理解为，一个人特别为某一契约或者一般性地以
遗嘱、书信、口头形式，或是以派出使者的方式发出的指示。因
此，如果一个人在遗嘱中如此表述:"你与我的奴隶斯提库斯订

3. De negotiis eorum qui in aliena potestate sunt

Servo meo negotium gere periculo meo ' , videtur ad omnia iussisse, nisi certa lex aliquid prohibet.

D. 15. 4. 1. 2   Ulpianus 29 ad ed.

Sed ego quaero, an revocare hoc iussum antequam credatur possit: et puto posse, quemadmodum si mandasset et postea ante contractum contraria voluntate mandatum revocasset et me certiorasset.

D. 15. 4. 1. 3   Ulpianus 29 ad ed.

Sed et si mandaverit pater dominusve, videtur iussisse.

D. 15. 4. 1. 6   Ulpianus 29 ad ed.

Si ratum habuerit quis quod servus eius gesserit vel filius, quod iussu actio in eos datur.

D. 15. 4. 2. 1   Paulus 30 ad ed.

Si iussu domini ancillae vel iussu patris filiae creditum sit, danda est in eos quod iussu actio.

3. 7   De peculio castrensi
(D. 18. 1 ; D. 49. 17)

D. 49. 17. 4pr.   Tertullianus 1. S. de castr. pecul.

Miles praecipua habere debet, quae tulit secum in castra concedente patre.

D. 49. 17. 11   Macer 2 de re milit.

Castrense peculium est, quod a parentibus vel cognatis in militia agenti donatum est vel quod ipse filius familias in militia adquisiit, quod, nisi militaret, adquisiturus non fuisset. nam quod erat et sine militia adquisiturus, id peculium eius castrense non est.

立契约，交易的风险将由我承担。"如果没有附加特别简约排除某类交易的话，这一命令被认为适用于所有类型的交易。

D. 15, 4, 1, 2　乌尔比安:《告示评注》第 29 卷

但是我要问:在这一债的关系发生之前，他是否能够取消这一命令? 我认为是可以的。这就像他进行委托时，由于有了相反的想法在结束行为前取消了这一委托并通知了他。

D. 15, 4, 1, 3　乌尔比安:《告示评注》第 29 卷

但是，当家父或者主人给予委托时，就应认为是发出了命令。

D. 15, 4, 1, 6　乌尔比安:《告示评注》第 29 卷

如果有人对他的奴隶或者他的儿子所做的事情给予认可，则可对他提起基于主人或家父命令之诉。

D. 15, 4, 2, 1　保罗:《告示评注》第 30 卷

如果根据主人的命令借贷给女性奴隶，或者根据父亲的命令借贷给女儿，则对他们应提起基于主人或家父命令之诉。

3.7　军役特有产
（D. 18, 1；D. 49, 17）

D. 49, 17, 4pr.　德尔图里亚努斯:《论军役特有产》单卷本
士兵应当拥有经父亲同意能带到军营中的财产。

D. 49, 17, 11　马切尔:《论军事》第 2 卷
父母或亲属赠给正在服兵役的人的财产，或者家子因为战争而购置的非战时状态不会购买的财产，均是军役特有产。因为，那些在没有战争的状态下购置的财产不构成军役特有产。

3. De negotiis eorum qui in aliena potestate sunt

D. 49. 17. 15pr.   Papinianus 35 quaest.

Pater militi filio reverso quod donat, castrensis peculii non facit, sed alterius peculii, perinde ac si filius numquam militasset.

D. 49. 17. 4. 1   Tertullianus l. S. de castr. pecul.

Actionem persecutionemque castrensium rerum semper filius etiam invito patre habet.

D. 49. 17. 12   Papinianus 14 quaest.

Pater, qui dat in adoptionem filium militem, peculium ei auferre non potest, quod semel iure militiae filius tenuit. qua ratione nec emancipando filium peculium ei aufert, quod nec in familia retento potest auferre.

D. 18. 1. 2pr.   Ulpianus 1 ad sab.

Inter patrem et filium contrahi emptio non potest, sed de rebus castrensibus potest.

D. 49. 17. 15. 1   Papinianus 35 quaest.

Si stipulanti filio spondeat, si quidem ex causa peculii castrensis, tenebit stipulatio: ceterum ex qualibet alia causa non tenebit.

D. 49. 17. 15. 2   Papinianus 35 quaest.

Si pater a filio stipulatur, eadem distinctio servabitur.

D. 49. 17. 15. 4   Papinianus 35 quaest.

Si servi pater usum fructum amiserit, cuius proprietatem in castrensi peculio filius habebat, plenam proprietatem habebit filius.

D. 49. 17. 18. 4   Maecenatus 1 fideic.

Si quando ex eo peculio filius rem alienam bona fide tenebit, an pater eius in rem vel ad exhibendum actionem pati debeat, ut ceterorum

D. 49, 17, 15pr. 帕比尼安:《问题集》第 35 卷

父亲赠给从军队返回家中的儿子的财产不属于军役特有产,它们是与儿子没有服兵役时性质相同的特有产。

D. 49, 17, 4, 1 德尔图里亚努斯:《论军役特有产》单卷本

尽管父亲不情愿,儿子仍有军役特有产的诉权。

D. 49, 17, 12 帕比尼安:《问题集》第 14 卷

父亲送养了一个正在服兵役的儿子,他不能剥夺儿子基于服兵役而得到的特有产。他也不能以这个理由在儿子脱离父权时剥夺儿子的该特有产,如果他保留儿子在他的支配权下,他同样不能将儿子的特有产剥夺掉。

D. 18, 1, 2pr. 乌尔比安:《萨宾评注》第 1 卷

父亲与儿子之间不能缔结买卖契约。但是,可以缔约买卖有关军役特有产的契约。

D. 49, 17, 15, 1 帕比尼安:《问题集》第 15 卷

如果父亲以要式口约的形式对儿子做出承担债务的允诺,如果债务的存在是基于儿子的军役特有产时,要式口约有效;相反,如果涉及任何其他非军役特有产时,则要式口约无效。

D. 49, 17, 15, 2 帕比尼安:《问题集》第 15 卷

如果儿子以要式口约的形式向父亲发出承担债务的允诺,同样适用上述规定。

D. 49, 17, 15, 4 帕比尼安:《问题集》第 15 卷

如果父亲丧失了对奴隶的用益权,而这些奴隶的所有权是儿子军役特有产中的一部分,则儿子恢复对奴隶享有的完全所有权。

D. 49, 17, 18, 4 马艾西安:《遗产信托》第 1 卷

当儿子将他人的一项财物善意地纳入军役特有产中时,他的父亲是否被提起对物之诉,或者出示之诉就像在其他涉及儿子军

nomine, quaeritur. sed verius est, cum hoc peculium a patris bonis separetur, defensionis necessitatem patri non imponendam.

D. 49. 17. 18. 5   Maecenatus 1 fideic.

Sed nec cogendus est pater aes alienum, quod filius peculii nomine, quod in castris adquisiit, fecisse dicetur, de peculio actionem pati: et, si sponte patiatur, ut quilibet defensor satisdato filium in solidum, non peculio tenus defendere debet. sed et eius filii nomine non aliter movere actiones potest, quam si satis dederit eum ratam rem habiturum.

3. 8   De bonis relictis a matre o aliter adquisitis
(C. 6. 60/61)

C. 6. 60. 1pr.   Imperator Constantinus

Res, quae ex matris successione fuerint ad filios devolutae, ita sint in parentum potestate, ut fruendi dumtaxat habeant facultatem, dominio videlicet earum ad liberos pertinente.

C. 6. 60. 1. 1   Imperator Constantinus

Parentes autem, penes quos maternarum rerum utendi fruendique tantum potestas est, omnem debent tuendae rei diligentiam adhibere et quod iure filiis debetur in examine per se vel per procuratorem poscere et sumptus ex fructibus impigre facere et litem inferentibus resistere atque ita omnia agere, tamquam solidum perfectumque dominium et personam gerant legitimam, ita ut, si quando rem alienare voluerint, emptor vel is cui res donatur observet, ne quam partem earum rerum, quas alienari prohibitum est, sciens accipiat vel ignorans.

役特有产的诉讼中一样。但是，最有道理的观点是：该特有产已从父亲的财产分离了出来，父亲不能被提起上述诉讼。

D. 49, 17, 18, 5　马艾西安:《遗产信托》第 1 卷

父亲不因儿子对军役特有产订立契约所产生的债务而被他人提起特有产之诉。如果父亲自愿应允被提起特有产之诉，则将像所有的保护人为儿子提供连带责任担保一样。那么，如果败诉，承担的范围不应当限于儿子的军役特有产范围内，而应在父亲的全部财产范围内。但是，他不能代理他的儿子另外提起诉讼，除非儿子允诺认可父亲所做的一切。

3.8　母亲留下的财产或者得到的其他的财产
（C. 6, 60/61）

C. 6, 60, 1pr.　君士坦丁皇帝致执政官们、裁判官们、平民护民官们及元老院

对处于父权之下的子女因继承母亲的遗产而获得的财产，父亲仅享有用益权，财产所有权属于子女。

C. 6, 60, 1, 1　君士坦丁皇帝致执政官们、裁判官们、平民护民官们及元老院

对子女继承的母亲之财产享有用益权的父亲，在管理财产的过程中应当给予勤谨注意。他亲自或者通过代理人要求债务人向子女们履行有关该财产的债务，从财产孳息中支出为保护财产支出的费用，要为子女们在涉及该财产的争讼中的行为进行辩护，如同他们享有完全所有权和对子女进行监护时一样，以便当他们

3. De negotiis eorum qui in aliena potestate sunt

Const. A. conss. praett. tribb. plebis senatui salutem. ⟨*a 319 D. XV
k. Aug. Aquileia. recitata apud Vettium Rufinum pu. in senatu non. Sept.
Constantino A. V et Licinio C. conss.* ⟩

C. 6. 61. 1 Imperatores Theodosius et Valentinianus

Cum venerandae leges vetuerint patribus iure potestatis adquiri,
quidquid eorum filiis avus avia proavus proavia a linea materna
venientes quocumque titulo contulissent, hoc quoque convenit observari,
ut, quidquid vel uxor marito non emancipato vel maritus uxori in
potestate positae quocumque titulo vel iure contulerit seu transmiserit,
hoc patri nullatenus adquiratur: atque ideo in eius tantum, cui delatum
est, iure durabit.

Theodos. et Valentin. AA. ad senatum. ⟨*a 426 D. VIII id. Nov.
Ravennae Theodosio XII et Valentiniano II AA. conss.* ⟩

要转让某物品时，使买方或者受赠人能分辨出该物是能够转让的抑或属于子女财产中不可转让的物。

（319年，于阿奎雷亚，君士坦丁第5次执政和利其尼奥执政）

C. 6, 61, 1　狄奥多西皇帝和瓦伦丁尼安皇帝致罗马城元老院

根据庄严的法律，禁止父亲依支配权变成儿子从外祖父、外祖母、曾外祖父、曾外祖母处继承的财产的所有人。所以我们又规定：无论未脱离父权的丈夫继承妻子的任何物品，无论尚处于父权之下的妻子继承丈夫的任何物品，这些物品不能以任何方式变成父亲所有，而要归继承人所有。

（426年，于拉维纳，狄奥多西皇帝第12次执政和瓦伦丁尼安皇帝第2次执政）

索　引

	页码	
优士丁尼《学说汇纂》	拉	汉
D. 1. 5. 19	44	45
D. 1. 6. 3	8	9
D. 1. 6. 4	8	9
D. 1. 9. 1. 1	42	43
D. 3. 2. 11. 1	34	35
D. 3. 2. 11. 2	34	35
D. 5. 1. 57	160	161
D. 7. 4. 22	46	47
D. 9. 4. 35	160	161
D. 10. 2. 20. 2	84	85
D. 14. 3. 5pr.	162	163
D. 14. 3. 5. 1	164	165
D. 14. 3. 5. 2	164	165
D. 14. 3. 5. 3	164	165
D. 14. 3. 5. 11	164	165
D. 14. 3. 5. 12	164	165
D. 14. 3. 7. 1	164	165
D. 14. 3. 11. 3	166	167
D. 14. 3. 11. 4	166	167
D. 14. 3. 11. 5	166	167
D. 14. 4. 1. 1	168	169
D. 14. 4. 1. 2	168	169
D. 14. 4. 1. 3	168	169
D. 14. 4. 1. 4	170	171
D. 14. 4. 1. 5	170	171
D. 14. 4. 9. 1	170	171
D. 14. 4. 11	170	171
D. 15. 1. 1pr.	172	173
D. 15. 1. 1. 1	172	173
D. 15. 1. 1. 2	172	173
D. 15. 1. 1. 3	172	173
D. 15. 1. 1. 4	172	173
D. 15. 1. 1. 5	160	161
D. 15. 1. 3. 11	162	163
D. 15. 1. 5. 3	172	173
D. 15. 1. 5. 4	174	175
D. 15. 1. 6	174	175
D. 15. 1. 7. 4	174	175
D. 15. 1. 7. 5	174	175
D. 15. 1. 7. 6	174	175
D. 15. 1. 7. 7	176	177
D. 15. 1. 8	176	177

D. 15. 1. 9. 2	176	177	D. 23. 1. 7. 1	18	19
D. 15. 1. 9. 3	176	177	D. 23. 1. 10	22	23
D. 15. 1. 9. 6	176	177	D. 23. 1. 11	18	19
D. 15. 1. 10	178	179	D. 23. 1. 12. 1	18	19
D. 15. 1. 21pr.	176	177	D. 23. 1. 13	18	19
D. 15. 1. 39	178	179	D. 23. 1. 14	18	19
D. 15. 1. 40pr.	178	179	D. 23. 1. 17	22	23
D. 15. 1. 40. 1	178	179	D. 23. 1. 18	18	19
D. 15. 1. 41	162	163	D. 23. 2. 1	24	25
D. 15. 1. 42	180	181	D. 23. 2. 2	36	37
D. 15. 2. 1pr.	180	181	D. 23. 2. 4	26	27
D. 15. 3. 1pr.	180	181	D. 23. 2. 5	40	41
D. 15. 3. 1. 1	182	183	D. 23. 2. 9. 1	38	39
D. 15. 3. 3. 2	182	183	D. 23. 2. 11	38	39
D. 15. 3. 12	182	183	D. 23. 2. 12. 2	20	21
D. 15. 3. 16	182	183	D. 23. 2. 14pr.	26	27
D. 15. 3. 20pr.	184	185	D. 23. 2. 14. 1	26	27
D. 15. 4. 1pr.	184	185	D. 23. 2. 14. 2	28	29
D. 15. 4. 1. 1	184	185	D. 23. 2. 14. 3	28	29
D. 15. 4. 1. 2	186	187	D. 23. 2. 16pr.	30	31
D. 15. 4. 1. 3	186	187	D. 23. 2. 16. 1	38	39
D. 15. 4. 1. 6	186	187	D. 23. 2. 16. 2	26	27
D. 15. 4. 2. 1	186	187	D. 23. 2. 17pr.	28	29
D. 17. 2. 65. 16	86	87	D. 23. 2. 19	38	39
D. 18. 1. 2pr.	188	189	D. 23. 2. 21	40	41
D. 23. 1. 1	16	17	D. 23. 2. 22	40	41
D. 23. 1. 2	16	17	D. 23. 2. 23	30	31
D. 23. 1. 3	16	17	D. 23. 2. 24	36	37
D. 23. 1. 4pr.	16	17	D. 23. 2. 25	38	39
D. 23. 1. 4. 1	16	17	D. 23. 2. 27	30	31

索 引

D. 23. 2. 28	40	41	D. 23. 3. 10. 5	72	73
D. 23. 2. 29	40	41	D. 23. 3. 17pr.	80	81
D. 23. 2. 33	60	61	D. 23. 3. 17. 1	72	73
D. 23. 2. 36	30	31	D. 23. 3. 21	70	71
D. 23. 2. 38pr.	32	33	D. 23. 3. 25	70	71
D. 23. 2. 38. 1	20	21	D. 23. 3. 26	78	79
D. 23. 2. 42pr.	32	33	D. 23. 3. 30	70	71
D. 23. 2. 49	32	33	D. 23. 3. 42	80	81
D. 23. 2. 53	26	27	D. 23. 3. 54	80	81
D. 23. 2. 56	124	125	D. 23. 3. 56. 1	66	67
D. 23. 2. 59	30	31	D. 23. 3. 56. 3	80	81
D. 23. 2. 62pr.	30	31	D. 23. 3. 69. 4	76	77
D. 23. 2. 62. 1	32	33	D. 23. 3. 69. 7	74	75
D. 23. 2. 64. 1	32	33	D. 23. 3. 69. 8	80	81
D. 23. 2. 65. 1	32	33	D. 23. 3. 73. 1	86	87
D. 23. 3. 1	66	67	D. 23. 3. 75	76	77
D. 23. 3. 2	66	67	D. 23. 3. 78pr.	78	79
D. 23. 3. 3	66	67	D. 23. 4. 5pr.	92	93
D. 23. 3. 5pr.	68	69	D. 23. 5. 1pr.	82	83
D. 23. 3. 5. 9	68	69	D. 23. 5. 3. 1	82	83
D. 23. 3. 7pr.	66	67	D. 23. 5. 5	82	83
D. 23. 3. 7. 1	66	67	D. 24. 1. 1	46	47
D. 23. 3. 7. 3	68	69	D. 24. 1. 3. 10	48	49
D. 23. 3. 9. 2	68	69	D. 24. 1. 5pr.	48	49
D. 23. 3. 9. 3	96	97	D. 24. 1. 5. 8	50	51
D. 23. 3. 10pr.	70	71	D. 24. 1. 9. 2	50	51
D. 23. 3. 10. 1	72	73	D. 24. 1. 10	50	51
D. 23. 3. 10. 2	72	73	D. 24. 1. 11pr.	50	51
D. 23. 3. 10. 3	72	73	D. 24. 1. 31. 8	50	51
D. 23. 3. 10. 4	72	73	D. 24. 1. 32pr.	52	53

D. 24. 1. 32. 1	52	53	D. 25. 1. 8	94	95
D. 24. 1. 32. 2	52	53	D. 25. 1. 9	94	95
D. 24. 1. 32. 13	48	49	D. 25. 1. 13	96	97
D. 24. 1. 51	44	45	D. 25. 2. 1	44	45
D. 24. 1. 66pr.	46	47	D. 25. 3. 1pr.	102	103
D. 24. 1. 66. 1	48	49	D. 25. 3. 1. 1	102	103
D. 24. 2. 1	54	55	D. 25. 3. 1. 2	102	103
D. 24. 2. 2pr.	58	59	D. 25. 3. 1. 3	102	103
D. 24. 2. 2. 1	58	59	D. 25. 3. 1. 4	104	105
D. 24. 2. 3	60	61	D. 25. 3. 1. 5	104	105
D. 24. 2. 4	60	61	D. 25. 3. 1. 6	104	105
D. 24. 2. 6	56	57	D. 25. 3. 1. 7	104	105
D. 24. 2. 7	60	61	D. 25. 3. 1. 8	104	105
D. 24. 2. 8	62	63	D. 25. 3. 4	114	115
D. 24. 3. 1	86	87	D. 25. 3. 5pr.	114	115
D. 24. 3. 2pr.	86	87	D. 25. 3. 5. 1	114	115
D. 24. 3. 2. 1	86	87	D. 25. 3. 5. 2	114	115
D. 24. 3. 2. 2	88	89	D. 25. 3. 5. 3	116	117
D. 24. 3. 12	90	91	D. 25. 3. 5. 4	116	117
D. 24. 3. 14. 1	92	93	D. 25. 3. 5. 5	116	117
D. 24. 3. 15. 1	92	93	D. 25. 3. 5. 6	116	117
D. 24. 3. 15. 2	92	93	D. 25. 3. 5. 7	116	117
D. 24. 3. 16	92	93	D. 25. 3. 5. 8	116	117
D. 24. 3. 18. 1	90	91	D. 25. 3. 5. 9	116	117
D. 24. 3. 22. 12	88	89	D. 25. 3. 5. 10	118	119
D. 24. 3. 31. 2	88	99	D. 25. 3. 5. 11	118	119
D. 25. 1. 5pr.	92	93	D. 25. 3. 5. 12	118	119
D. 25. 1. 5. 3	94	95	D. 25. 3. 5. 13	118	119
D. 25. 1. 6	94	95	D. 25. 3. 5. 14	118	119
D. 25. 1. 7	94	95	D. 25. 3. 5. 15	120	121

D. 25. 3. 5. 16	120	121	D. 26. 1. 13. 1	130	131
D. 25. 3. 5. 17	120	121	D. 26. 1. 14pr.	132	133
D. 25. 3. 5. 18	120	121	D. 26. 1. 14. 1	132	133
D. 25. 3. 8	120	121	D. 26. 1. 14. 2	132	133
D. 25. 4. 1pr.	104	105	D. 26. 1. 14. 3	134	135
D. 25. 4. 1. 1	106	107	D. 26. 1. 14. 4	134	135
D. 25. 4. 1. 2	106	107	D. 26. 1. 14. 5	134	135
D. 25. 4. 1. 3	106	107	D. 26. 1. 16. 1	132	133
D. 25. 4. 1. 4	108	109	D. 26. 1. 17	130	131
D. 25. 4. 1. 5	108	109	D. 26. 1. 18	130	131
D. 25. 4. 1. 6	108	109	D. 26. 2. 1pr.	134	135
D. 25. 4. 1. 7	108	109	D. 26. 2. 1. 1	134	135
D. 25. 4. 1. 8	108	109	D. 26. 2. 1. 2	134	135
D. 25. 4. 1. 9	110	111	D. 26. 2. 4	136	137
D. 25. 4. 1. 10	110	111	D. 26. 2. 6	136	137
D. 25. 4. 1. 11	112	113	D. 26. 2. 11pr.	136	137
D. 25. 4. 1. 12	112	113	D. 26. 2. 16pr.	136	137
D. 25. 4. 1. 15	112	113	D. 26. 2. 17pr.	138	139
D. 25. 7. 1. 4	122	123	D. 26. 2. 17. 2	138	139
D. 25. 7. 3pr.	124	125	D. 26. 2. 33	132	133
D. 25. 7. 3. 1	124	125	D. 26. 3. 1. 1	138	139
D. 25. 7. 4	124	125	D. 26. 3. 1. 2	138	139
D. 26. 1. 1pr.	128	129	D. 26. 3. 1. 3	140	141
D. 26. 1. 1. 1	128	129	D. 26. 3. 2pr.	140	141
D. 26. 1. 1. 2	130	131	D. 26. 4. 1pr.	140	141
D. 26. 1. 1. 3	130	131	D. 26. 4. 1. 1	140	141
D. 26. 1. 6. 2	144	145	D. 26. 4. 1. 2	140	141
D. 26. 1. 6. 4	132	133	D. 26. 4. 3pr.	142	143
D. 26. 1. 7	154	155	D. 26. 4. 3. 1	142	143
D. 26. 1. 13pr.	130	131	D. 26. 4. 5pr.	142	143

D. 26. 4. 6	142	143	D. 27. 10. 1. 1	156	157
D. 26. 4. 7	142	143	D. 27. 10. 2	156	157
D. 26. 4. 9	142	143	D. 27. 10. 3	156	157
D. 26. 5. 1. 2	144	145	D. 27. 10. 4	158	159
D. 26. 5. 3	144	145	D. 27. 10. 7pr.	158	159
D. 26. 5. 12pr.	144	145	D. 27. 10. 8	158	159
D. 26. 5. 15	144	145	D. 27. 10. 13	158	159
D. 26. 5. 16	144	145	D. 27. 10. 14	158	159
D. 26. 5. 21. 5	146	147	D. 27. 10. 15pr.	158	159
D. 26. 5. 23	146	147	D. 34. 1. 16. 3	46	47
D. 26. 7. 1pr.	150	151	D. 35. 1. 15	36	37
D. 26. 7. 7pr.	150	151	D. 38. 10. 4pr.	14	15
D. 26. 7. 12. 3	148	149	D. 38. 10. 4. 1	10	11
D. 26. 7. 27	148	149	D. 38. 10. 4. 2	10	11
D. 26. 8. 3	146	147	D. 38. 10. 4. 3	14	15
D. 26. 8. 5. 1	146	147	D. 38. 10. 4. 4	14	15
D. 26. 8. 5. 2	146	147	D. 38. 10. 4. 5	16	17
D. 26. 8. 5. 3	148	149	D. 38. 10. 8	20	21
D. 26. 8. 8	148	149	D. 38. 10. 10pr.	10	11
D. 26. 10. 1. 2	152	153	D. 38. 10. 10. 1	10	11
D. 26. 10. 1. 3	152	153	D. 38. 10. 10. 2	12	13
D. 27. 3. 1pr.	154	155	D. 38. 10. 10. 3	12	13
D. 27. 3. 1. 3	154	155	D. 38. 10. 10. 4	12	13
D. 27. 3. 2pr.	152	153	D. 38. 10. 10. 5	12	13
D. 27. 3. 2. 1	152	153	D. 38. 10. 10. 6	12	13
D. 27. 3. 2. 2	152	153	D. 38. 10. 10. 7	12	13
D. 27. 3. 4pr.	154	155	D. 38. 10. 10. 8	12	13
D. 27. 7. 1pr.	154	155	D. 38. 10. 10. 9	14	15
D. 27. 9. 1pr.	150	151	D. 38. 10. 10. 10	14	15
D. 27. 10. 1pr.	156	157	D. 39. 5. 7pr.	180	181

D. 41. 2. 1. 4	52	53	D. 50. 16. 101. 1	58	59
D. 43. 16. 1. 10	52	53	D. 50. 16. 125	74	75
D. 43. 30. 2	42	43	D. 50. 16. 144	122	123
D. 44. 7. 39	160	161	D. 50. 16. 191	58	59
D. 45. 1. 19	64	65	D. 50. 16. 195. 1	4	5
D. 45. 1. 134pr.	20	21	D. 50. 16. 195. 2	4	5
D. 46. 6. 9	150	151	D. 50. 16. 195. 3	6	7
D. 47. 10. 11. 7	42	43	D. 50. 16. 195. 4	6	7
D. 47. 10. 15. 24	20	21	D. 50. 16. 195. 5	6	7
D. 48. 5. 30（29）. 1	28	29	D. 50. 16. 215	2	3
D. 48. 5. 44（43）	58	59	D. 50. 16. 239pr.	128	129
D. 49. 15. 12. 4	56	57	D. 50. 17. 30	34	35
D. 49. 15. 14. 1	56	57	D. 50. 17. 189	146	147
D. 49. 17. 4pr.	186	187			
D. 49. 17. 4. 1	188	189	优士丁尼《法典》		
D. 49. 17. 11	186	187	C. 5. 1. 1	24	25
D. 49. 17. 12	188	189	C. 5. 1. 3	24	25
D. 49. 17. 15pr.	188	189	C. 5. 3. 20. 3	100	101
D. 49. 17. 15. 1	188	189	C. 5. 3. 20. 4	100	101
D. 49. 17. 15. 2	188	189	C. 5. 4. 9	34	35
D. 49. 17. 15. 4	188	189	C. 5. 4. 13	34	35
D. 49. 17. 18. 4	188	189	C. 5. 4. 14	38	39
D. 49. 17. 18. 5	190	191	C. 5. 4. 22	36	37
D. 50. 1. 21. 4	78	79	C. 5. 5. 2	26	27
D. 50. 1. 38. 3	44	45	C. 5. 9. 3pr.	54	55
D. 50. 16. 40. 2	6	7	C. 5. 11. 1	76	77
D. 50. 16. 40. 3	6	7	C. 5. 11. 3	74	75
D. 50. 16. 51	8	9	C. 5. 12. 1pr.	76	77
D. 50. 16. 56. 1	8	9	C. 5. 13. 1pr.	96	97
D. 50. 16. 84	10	11	C. 5. 13. 1. 1	96	97

C. 5. 13. 1. 15	82	83	C. 5. 17. 9	62	63
C. 5. 13. 1. 15a	82	83	C. 5. 17. 10	64	65
C. 5. 13. 1. 15b	84	85	C. 5. 17. 11pr.	36	37
C. 5. 13. 1. 15c	84	85	C. 5. 17. 11. 2	64	65
C. 5. 14. 8	100	101	C. 5. 26. 1	122	123
C. 5. 17. 1	56	57	C. 5. 27. 2	124	125
C. 5. 17. 2	22	23	C. 6. 60. 1pr.	190	191
C. 5. 17. 5. 1	60	61	C. 6. 60. 1. 1	190	191
C. 5. 17. 8pr.	62	63	C. 6. 61. 1	192	193

图书在版编目(CIP)数据

拉汉对照优士丁尼国法大全选译.第5卷,婚姻与家庭/(意)桑德罗·斯奇巴尼选编;费安玲译.—北京:商务印书馆,2022

(优士丁尼国法大全选译)

ISBN 978 - 7 - 100 - 21339 - 4

Ⅰ.①拉… Ⅱ.①桑… ②费… Ⅲ.①罗马法—婚姻法—研究—拉、汉 Ⅳ.①D904.1

中国版本图书馆 CIP 数据核字(2022)第 117461 号

拉汉对照

优士丁尼国法大全选译

第 5 卷

婚姻与家庭

〔意〕桑德罗·斯奇巴尼 选编

费安玲 译

〔意〕阿尔多·贝特鲁奇 朱赛佩·德拉奇纳 校

商 务 印 书 馆 出 版

(北京王府井大街36号 邮政编码100710)

商 务 印 书 馆 发 行

北京通州皇家印刷厂印刷

ISBN 978 - 7 - 100 - 21339 - 4

2022 年 10 月第 1 版 开本 850×1168 1/32

2022 年 10 月北京第 1 次印刷 印张 8⅛

定价:48.00 元